W0040940

KYLE GRAY

LASS DEIN HERZ LEUCHTEN!

Ein Kurs in Vergebung

Aus dem Englischen übersetzt
von Theda Krohm-Linke

L.E.O. Verlag ist ein Imprint der Scorpio Verlag GmbH & Co. KG,
herausgegeben von Michael Görden

Published by Arrangement with Hay House UK Ltd., London, UK
Die Originalausgabe ist erstmals 2015 bei Hay House Inc. erschienen.
Titel der englischen Originalausgabe: Wings of Forgiveness

© 2015 by Kyle Gray
© der deutschen Ausgabe 2015: L · E · O Verlag in der
Scorpio Verlag GmbH & Co.KG, Berlin · München
© Coverillustration Hay House UK, Coverfoto Torge Niemann
Lektorat: Lea Wittenberg
Umschlaggestaltung: Torge Niemann, WRAGE
Innenlayout und Satz: BuchHaus Robert Gigler, München
Druck und Bindung: GGP Media GmbH, Pößneck
ISBN 978-3-95736-062-5
Alle Rechte vorbehalten.

Mehr über unsere Bücher
www.leoverlag.de

Für die Göttliche Mutter und ihre Engel.
Sie hat viele Namen und viele Gesichter,
aber ihre Liebe ist immer in den Tiefen unseres Herzens
und wartet auf uns.

Wenn du erkennen würdest,
wer neben dir geht auf dem Weg, den du gewählt hast,
wäre Angst unmöglich.
EIN KURS IN WUNDERN (Kap. 18, III, 2)

INHALT

VORWORT

von Gabrielle Bernstein

Als spirituelle Lehrerin habe ich bei zahllosen Menschen beobachten können, wie sie sich ihrem inneren Bewusstsein und persönlichen Wachstum geöffnet haben. Als spirituelle Schülerin war auch ich auf dieser Reise und habe Tag für Tag die Blockaden gegen die Liebe in mir gelöst. Wenn wir spirituell Lernende werden, suchen wir Glück, Fülle, Gelassenheit und – vor allem – Freiheit. Wir sind bereit, alles zu tun, um uns aus den Fesseln der Angst zu lösen. Mit der Zeit, nach unzähligen Gebeten, Workshops, Beratungssitzungen, Yoga-Unterricht, Selbsthilfe-Büchern und Rückzugsorten akzeptieren wir schließlich, dass die Freiheit, die wir so verzweifelt suchen, nur durch einen einzigen radikalen Akt entstehen kann: durch Vergebung.

Vergebung kann dich zunächst verwirren. Wie kann das Opfer häuslicher Gewalt seinem Peiniger vergeben? Wie kann ein Mann seiner Frau vergeben, dass sie ihn betrogen hat? Wie kann jemand, der bei einem Terroranschlag einen geliebten Menschen verloren hat, dieses sinnlose Gewaltverbrechen vergeben? Das »Wie« spielt jedoch keine Rolle. Wichtig ist nur die Bereitschaft zu vergeben.

In dem Moment, in dem wir bereit sind zu vergeben, übernimmt eine unsichtbare Kraft, und wir erhalten alle Führung, die wir brauchen. Oft kommt sie in einer Form, mit der wir am wenigsten gerechnet hatten. Für mich kommt Vergebung durch Gebet und Meditation. Durch mein Gebet übergebe ich meine falschen Wahrnehmungen der liebevollen Fürsorge innerer Weisheit und Führung.

Dann werde ich still und bereit zu empfangen. Dieses Stillsein erreiche ich durch Meditation, und in diesem Raum wird mir Vergebung zuteil. Durch tägliche Meditation habe ich alle möglichen Kümmernisse geheilt, von Groll, der sich über Jahrzehnte aufgestaut hatte, bis hin zu kleineren Ärgernissen. Durch das Gebet übergebe ich alles den Engeln, und durch Meditation erhalte ich ihre Führung. Vergebung ist kein Akt. Vergebung ist eine Gabe, die uns geschenkt wird, wenn wir bereit sind, sie zu empfangen. In dem Moment, in dem wir aufgeben, werden wir von der unsichtbaren Kraft der Engel geleitet.

Mein lieber Freund Kyle Gray ist mit der mächtigen Kraft der Engel sehr vertraut. Seit Jahren arbeitet Kyle als Engelmedium, um die Menschen auf den Weg der Vergebung zu führen. Er ist einer der authentischsten spirituellen Lehrer, die ich kenne, und er ist äußerst integer. Sein Bestreben ist es nicht, Menschen zu Geld, glitzernden materiellen Gütern und Macht zu führen. Er will sie zur Freiheit führen. Kyle hat die Einladung der Engel furchtlos angenommen. Er hat beschlossen, ihre göttliche Verbindung zu sein und sie hier auf der Erde zu repräsentieren.

Einen hipperen Vertreter als Kyle, den tätowierten DJ, der Hot Yoga liebt, kann ich mir nicht vorstellen. Es war ziemlich clever von den Engeln, sich gerade Kyle als Partner auszusuchen. Seine aufrichtige Liebe zum Leben ist ansteckend, und sein Streben zu dienen treibt ihn dazu, seinen Glauben täglich zu vertiefen. Auch wir Menschen tun gut daran, uns Kyle als Wegweiser auszusuchen. Er ist der tollste Sprecher für das Reich der Engel. Er bleibt sich treu – und seine hippe Ausstrahlung hilft unserem beschränkten Verstand, in Einklang mit einer Macht zu kommen, die jenseits unseres körperlichen Seins liegt.

In der Einleitung zu diesem Buch spricht Kyle von Vergebung und sagt: »*In diesem Moment sind Engel um dich, göttliche Meister blicken von oben auf dich herab und reichen dir die Hand, um dir den Weg zu weisen zum Loslassen, zu Heilung und Transformation, die Vergebung dir bietet.*«

Was für ein Versprechen!

Kyle wurden die Schlüssel zu diesem Reich übergeben, und er hat die Verantwortung angenommen, sie mit dir zu teilen. Mit diesem

Buch tut er genau das, damit du die unsichtbare Tür zu der Freiheit, die du am meisten ersehnst, öffnen kannst. Dieses Buch ist in göttlicher Zusammenarbeit zwischen Kyle und den Engeln entstanden. Ihre Weisheit wird dich für immer verändern. Gib deine Ängste ab, und lass dich auf den Flügeln der Vergebung tragen.

EINLEITUNG

Seit ich die Macht und Schönheit der Engel entdeckt habe, wollte ich unbedingt für sie arbeiten. Schon früh spürte ich den inneren Ruf, das Gefühl, dass ich einer Art höherem Zweck dienen sollte, aber ich hatte keine Ahnung, was es war oder wie es sich zeigen würde. Ich wusste zwar, dass die Arbeit im spirituellen Bereich eine emotionale Reise mit zahlreichen Herausforderungen sein würde, aber trotzdem war ich nicht auf die Hälfte der Erfahrungen vorbereitet, die ich seitdem gemacht habe.

Immer wieder, in fast jeder Sitzung, jedem Gespräch und jedem Workshop über Engel wurde ein Thema häufiger angeschnitten als jedes andere. Ich habe das Thema nie ganz verstanden, ebenso wenig wie die Heilung, die stattfindet, wenn es seine Wunder wirkt, aber eines weiß ich mit Sicherheit – es funktioniert! Ich spreche von Vergebung.

Vergebung ist wunderbar. Der metaphysische Text *Ein Kurs in Wundern* definiert ein Wunder als »eine Verschiebung der Wahrnehmung«, und Vergebung ist ein Moment, in dem wir unser Denken über eine Erfahrung, eine Situation, eine Person oder, was sogar noch wichtiger ist, über uns selbst verändern. Aus Vergebung entsteht eine Welle der Veränderung. Sie reißt uns aus Wut, Groll und tief verwurzelter Angst und bringt uns auf Flügeln zu Frieden, Liebe und Ruhe.

Wann immer ich die Gelegenheit habe, jemandem dabei zu helfen zu vergeben, ergreife ich sie und biete ihm meine Unterstützung an.

Vergebung ist nichts, das ich für jemanden tun kann – ich kann noch nicht einmal den anderen davon überzeugen, es zu tun –, aber ich kann ihm dabei helfen zu erkennen, wie schön es ist, loszulassen und sich frei zu fühlen.

Vergebung ist etwas Besonderes, weil sie so viel bewirkt. Ich bin zum Beispiel der festen Überzeugung, dass sie Raum schafft. Sie ist wie eine spirituelle Spülung – sie wäscht all die harten, giftigen, negativen und irrationalen Gedanken heraus, die uns an eine Person, einen Ort oder eine Situation binden. Sie hilft uns, uns leichter und letztendlich frei zu fühlen.

Wir können uns Vergebung auch wie Politur vorstellen: Sie reinigt und bringt uns zum Glänzen. Sie ist eine Wahl, die wir treffen, ein Geschenk, das wir anderen machen. Und vor allem ist sie ein Geschenk an uns selbst.

Die wundersamen Veränderungen, die Vergebung mit sich bringt, faszinieren mich. Ich habe selbst beobachtet, wie Menschen sich von der Bürde auf ihren Schultern befreit haben. Sie haben vor Freude geweint und das losgelassen, was sie belastete. Ich war der Bote derjenigen auf der anderen Seite, die um Vergebung gebeten haben, und ich war das Medium für die, die um Vergebung von oben bitten müssen.

In diesem Moment sind Engel um dich, göttliche Meister blicken von oben auf dich herab und reichen dir die Hand, um dir den Weg zu weisen zum Loslassen, zu Heilung und Transformation, die Vergebung dir bietet. Schließ dich uns an auf der Reise in die Tiefen deines Herzens und gib dich dem Zauber dieses phänomenalen Wunders hin!

PROLOG

Vergebung ist für jeden möglich. Ich werde nie den Zeitpunkt vergessen, an dem mir das klar wurde. Es war Samstagnachmittag, die Sonne brach durch die Wolken, und der Himmel war eisig blau. Es war Frühling, und meine Schritte waren beschwingt. Ich war auf dem Weg, um das zu tun, was ich gerne tat: Mit den Engeln sprechen und ihre Liebe mit den Menschen teilen. Ich hatte an jenem Tag nur drei Klienten, da ich nicht gerne zu viele Termine mache und auch noch Zeit für mich haben will, vor allem am Wochenende.

Mein Büro ist mitten in Glasgow, neben dem Hauptbahnhof. Obwohl es im belebten Stadtzentrum liegt, ist es in meinen Büroräumen friedlich. In der Woche kommen mehr als zwanzig Menschen zu mir, und mindestens die Hälfte von ihnen spricht mich auf die friedliche Stimmung an, die in meinem Büro herrscht. An den Fenstern habe ich zwei Altäre aufgebaut. Einer ist dem göttlichen Weiblichen gewidmet und der andere dem göttlichen Männlichen. Ich finde Ausgeglichenheit wichtig und bete gerne zu Mutter und Vater, Göttin und Gott.

An jenem Tag stand eine Frau an meiner Tür. Sie war schlank, rotblond und sah aus wie Anfang vierzig. Ich hatte um diese Uhrzeit niemanden erwartet, deshalb sagte ich leicht verwirrt: »Hallo, möchten Sie zu mir?«

Sie sagte: »Wenn Sie Kyle sind, dann ja!«

Ich sagte ihr, sie solle zur vereinbarten Zeit wiederkommen, da ich zuerst mein Büro vorbereiten müsse. Aber zu meiner Überraschung erwiderte sie: »Können Sie mich nicht jetzt schon empfangen? Bitte! Es ist wirklich wichtig, dass ich mit Ihnen spreche. Ich weiß nicht, wie viel Zeit mir noch bleibt.« Sie sah dabei so ernst aus, dass ich sofort spürte, dass sie die Wahrheit sagte.

»Geben Sie mir fünf Minuten«, sagte ich.

Ich ging in mein Büro, drehte die Heizung auf und zündete Kerzen an, so schnell ich konnte. Ich schloss die Augen in einem stummen Gebet, rief meine Engel an und dankte ihnen, dass sie mich mit ihrem schützenden Licht umgaben. Dann bat ich die Frau herein, die sich als Rose vorstellte.

Ich bat sie, an meinem Schreibtisch Platz zu nehmen. Dort hatte ich bereits die Engelkarten für unsere Sitzung ausgelegt. Ich sagte ihr, ich könne ihr nur eines versprechen: Aufrichtigkeit.

»Ich danke Ihnen«, sagte sie. »Ich habe eine Bitte an Sie, bevor wir beginnen: Ich möchte nicht wissen, ob irgendwelche Geistwesen im Raum sind. Engel sind in Ordnung, aber ich möchte von niemand anderem hören, der möglicherweise bei mir ist.«

Ich blickte sie verwirrt an, da ich aber ihre Wünsche respektieren wollte, sagte ich: »Ich werde mein Bestes versuchen, aber wie Sie vielleicht wissen, empfange ich normalerweise meine Informationen über Ihr Leben und Ihre Welt durch Geistwesen.«

Ich wies sie an, die Hände auf die Engelkarten zu legen und legte meine Hände über ihre. Wir schlossen beide die Augen.

Ich sagte: »Denken Sie an das, worüber Sie heute sprechen möchten – das, bei dem Ihre Engel Sie leiten sollen.«

In diesem Augenblick wurde ich von einem Wirbelsturm erfasst. Ich sah Rose im Gerichtssaal sitzen. Ich bekam Gänsehaut am ganzen Körper, als ich sie dort auf der Anklagebank sah. Im Geiste sagte ich: »Danke, Engel, dass ihr mir das ganze Bild vermittelt. Ich möchte ihr helfen.«

Sofort wurde mir gezeigt, wie Rose gegen einen erwachsenen, etwa ein Meter achtzig großen Mann kämpfte. Er war kräftig und stark und wehrte sich. Dann hatte ich das Gefühl, jemand würde mir mit einem Messer in den Bauch stechen. Keuchend öffnete ich die Augen und blickte auf meine Hände. Sie waren voller Blut.

Geschockt flüsterte ich: »Jemand wurde getötet. Ich glaube sogar, er wurde ermordet.«

»'Ermordet' würde ich nicht sagen«, erwiderte Rose ruhig. »Ich glaube, das ist das falsche Wort. Ich musste für meine Familie kämpfen – ich konnte nicht zulassen, dass er uns weiter verletzte.«

So langsam begann ich zu begreifen, was geschehen war. Meine Hände waren natürlich nicht tatsächlich voller Blut. Meine geistigen Eindrücke hatten es nur so aussehen lassen, damit ich verstehen konnte, worum es ging. Und direkt neben Rose stand ein etwa ein Meter achtzig großer Mann in Geistgestalt und sagte: »Sie soll wissen, dass ich ihr vergebe, und ich möchte, dass sie mir vergibt.«

»Stopp«, sagte ich laut. »Gebt mir alle mal eine Minute Zeit. Ich muss erst einmal meinen Kopf klarkriegen.«

Es stellte sich heraus, dass Rose seit Jahren von ihrem Partner mental und emotional missbraucht worden war. Er hatte sie und ihre Kinder seit über fünfzehn Jahren schlecht behandelt. Schließlich hatte sie es nicht mehr ausgehalten.

»Einer von uns musste in jener Nacht sterben«, sagte sie zu mir. »Zufällig war er es.«

Sie versteckte die Leiche, und erst nach ein paar Tagen, als das Adrenalin langsam abgebaut war, wurde ihr klar, dass sie zur Polizei gehen und die Wahrheit erzählen musste.

Zu mir war sie nur wegen einer Sache gekommen: Vergebung. Der Geist ihres Partners wollte ihr mitteilen, dass er ihr vergeben hatte, aber sie war immer noch so voller Wut, Trauer und Groll, dass sie nichts von ihm hören wollte. Was sollte ich tun?

Leise rief ich ihre Engel an, und als ich sah, wie sich ihre Lichter um sie herum sammelten, sagte ich ihr, sie seien da und würden sie in ihre Flügel der Liebe einhüllen. Die Botschaft kam laut und deutlich bei mir an, und ich teilte sie ihr Wort für Wort mit: »Wir Engel lieben dich bedingungslos, und du sollst wissen, dass die Energie, die du als Gott kennst, keinerlei Groll gegen dich hegt. Obwohl wir diese Taten auf der Erde nicht wählen würden, und du selber wünschst, dass du sie nicht begangen hättest, wirst du eines Tages in den Himmel kommen. Aber zuerst musst du deine Reise auf der Erde beenden.«

Ich erklärte Rose, dass die Vergangenheit vorüber sei und wir sie nicht ändern könnten. Wichtig sei jedoch, was wir in der Gegenwart täten.

»Dir ist vergeben«, sagte ich zu ihr, »aber du musst dir selbst vergeben.«

Ich ermutigte sie, sich für ihre Taten und die Konsequenzen für ihre Familie zu vergeben. Und nicht nur das, sie musste auch ihrem Partner vergeben – auch wenn das eine gewisse Zeit dauern würde.

Ganz gleich, was sie durchgemacht hatte, ganz gleich, wie sehr sie sich als Opfer fühlte, es war an der Zeit, alles abzugeben und weiterzugehen. Um in diesem Leben Frieden zu finden, musste sie sich vom Gift und dem Groll der Gedanken über Vergangenheit und Gegenwart lösen.

Während ich sprach, weinte sie heftig. Die Engel versuchten sie zu trösten und boten ihre Hilfe an, und ich wusste, wie wichtig es war, Rose nicht zu verurteilen. Ich war da, um ein Licht zu sein, um Licht weiterzugeben und ihr zu helfen, es zu sehen. Zwar würde ihre Tat sie leider ins Gefängnis bringen, aber ich wusste tief im Herzen, dass sie ihren Frieden finden konnte, wenn sie in der Lage war zu vergeben.

Sie versprach, jeden Tag daran zu arbeiten.

Es stellte sich heraus, dass sie in der kommenden Woche vor Gericht stehen würde, so wie ich es in meiner Vision gesehen hatte. Zwar hatte ich nicht gesehen, wie ihr Schicksal sein würde, aber ich war aufrichtig und sagte ihr, sie würde sicher nicht um eine Gefängnisstrafe herumkommen, weil sie die Leiche ihres Partners versteckt hatte. Das schien ihr jedoch nichts auszumachen. Doch sie hatte schreckliche Angst, weil sie eine Todsünde begangen hatte. Sie wollte nicht in die Hölle kommen – und ich konnte ihr zum Glück sagen, dass dies nicht der Fall sein würde.

Bevor ich die Sitzung schloss, sprach ich ein Gebet mit Rose und lud die Engel der Vergebung ein, sie zu umgeben. Ich hieß auch die Erzengel der Gerechtigkeit, Raguel und Zadkiel, willkommen und dankte ihnen, dass sie für einen fairen Prozess sorgen würden.

Dann wusste ich, dass meine Arbeit getan war – ich hatte mein Bestes gegeben. Zwar war Rose jetzt noch nicht offen dafür, die Botschaft ihres Partners über Vergebung zu hören, aber die Engel hatten die Botschaft trotzdem übermittelt. Sie wusste, sie würde nicht in die Hölle kommen, und indem ich ihr gesagt hatte, dass der Himmel uns alle aufnimmt, hatte ich ihr Hoffnung gemacht.

Am meisten hatte mich in diesem Fall erstaunt, dass ich die Seele eines Mannes gesehen hatte, der zu Lebzeiten Angst und Gewalt in seiner Familie verbreitet hatte, jetzt jedoch seiner Mörderin sagte, dass er ihr vergab und sie um ihre Vergebung bat – nicht, weil er sich dadurch besser fühlte, sondern weil es ihr helfen würde.

Bis heute glaube ich, dass Vergebung viel mehr bedeutet, als uns allen klar ist. Es geht nicht immer darum, was wir davon haben, sondern vor allem um das, was wir *geben* können. In *Ein Kurs in Wundern* heißt es: »Deine Vergebung ist es, die die Welt der Dunkelheit zum Licht bringen wird.«

Und daran glaube ich.

1
WAS IST VERGEBUNG?

Die Vergebung steht zwischen Illusionen und der Wahrheit,
zwischen der Welt, die du siehst, und dem, was jenseits liegt,
zwischen der Hölle der Schuld und des Himmels Pforte.«

EIN KURS IN WUNDERN, Lektion 134

Meine spirituelle Einführung in die Vergebung fand statt, als ich zu meinem 15. Geburtstag ein Deck mit Engelkarten bekam. Für diejenigen unter euch, die nicht wissen, was Engelkarten sind – sie sind ein Mittel zum Weissagen. Jedes Deck enthält etwa 44 Karten, und auf jeder Karte sind das Bild eines Engels, eine Botschaft und ein Schlüsselwort abgebildet. Durch diese Karten lernte ich, dass Vergebung machtvoll ist und dass die erstaunlichsten Wunder geschehen, wenn wir etwas loslassen können, das uns zurückgehalten hat.

Und obwohl ich in diesem Kontext sehr früh auf meiner Reise in Vergebung eingeführt worden bin, wusste ich immer noch nicht genau, was es bedeutete zu vergeben.

Wenn ich auf mein Leben zurückblicke, bin ich wohl zum ersten Mal in der Schule tatsächlich auf Vergebung gestoßen – und auf unversöhnliche Gedanken. Ich erinnere mich an die trivialen Auseinandersetzungen beim Spielen, und vor allem erinnere ich mich daran, wie schlimm es war, sich verletzt und im Stich gelassen zu fühlen, da ich ein sehr sensibles Kind war.

Ich werde nie vergessen, wie es war, als einer meiner besten Freunde sich auf einmal mit jemandem zusammentat, der viel cooler war als ich. Die beiden schlossen mich von den Besuchen im Schwimmbad oder in der Eisdiele nach der Schule aus und beschlossen schließlich, dass sie noch nicht einmal mehr mit mir reden wollten. Wochenlang schauten sie demonstrativ in die andere Richtung, wenn ich versuchte, mit ihnen zu sprechen, meinen Pausensnack mit ihnen zu teilen oder ihnen etwas zu zeigen, was ich cool fand. Es brach mir das Herz.

Ich weiß noch, dass ich meine Mutter um Rat fragte, und sie schlug mir vor, ich solle einfach mal meinen Freund zur Seite nehmen und ihm, ohne dass jemand anderer etwas davon mitbekäme, erklären, wie sehr ich seine Freundschaft schätzte und ob wir nicht alle zusammen abhängen könnten, damit sich niemand ausgeschlossen fühlte.

Das versuchte ich, und ich werde niemals vergessen, was dann geschah. Der Junge bekam einen Wutanfall und schrie mich mitten auf dem Schulhof an: »Sprich mich nie wieder an – ich will dich noch nicht einmal *ansehen*! Ich verachte dich!«

Ich wusste nicht, was ich sagen sollte, und ging weg.

Später am Abend fragte ich, in Tränen aufgelöst, meine Mutter: »Was bedeutet denn ›verachten‹?«

Meine Mum ist eine sehr achtsame Mutter. Ich habe sie immer als »unbewusst bewusst« bezeichnet, weil sie mir mit ihrer Intuition und ihrem mütterlichen Instinkt wahrscheinlich jeden einzelnen Tag meines Lebens geholfen hat. Sie sagte mir, wie sehr sie mich liebe, dass ich »ein ganz besonderer Junge« sei und viele andere Freunde haben würde.

Obwohl sie recht behielt, wurde ein Teil von mir durch diese Erfahrung verwundet. Während meiner gesamten Schulzeit wollte ich einfach nur akzeptiert werden. Ich sehnte mich nach der Aufmerksamkeit der anderen Kinder und hätte alles getan, um von ihnen akzeptiert zu werden, aber aus irgendeinem Grund wurde ich immer wieder ausgeschlossen.

Wenn ich heute zurückblicke, glaubte vermutlich ein Teil von mir, dass mein ehemaliger Freund recht gehabt hatte: Ich war nicht cool genug. Ich war sogar verachtenswert. Im Inneren richtete das eine ganze Menge Schaden an und wirkte sich natürlich auf mein gesellschaftliches Verhalten und meine anderen Freundschaften aus.

Ich wollte nur, dass mir vergeben wurde, aber ich wusste ja noch nicht einmal, wofür ich Vergebung brauchte. Welcher Teil von mir war denn so inakzeptabel?

Wahrscheinlich hast du, genau wie ich, irgendwann in deinem Leben nach Vergebung gesucht, und es ist sogar noch wahrscheinlicher, dass du akzeptiert werden wolltest. Wir wissen beide, wie es sich anfühlt, allein zu sein, verloren und verletzt. Wir wissen, wie es ist, wenn man diese Gefühle überwinden will und nach Erleichterung und Heilung strebt.

Wir streben danach, weil wir das Gefühl haben, es fehle etwas in uns, wir seien unzulänglich oder, sogar noch schlimmer, man *sagt* uns, wir seien unzulänglich. Deshalb gehen wir mit diesem Gefühl durchs Leben und müssen uns nicht nur den Herausforderungen mit anderen stellen, sondern auch noch der Herausforderung mit uns selbst. Vielleicht suchen wir in der Welt der Spiritualität nach Antworten, vielleicht versuchen wir es mit Hypnotherapie, Reiki, Gebet, Meditation – sogar mit Engeln.

Wenn du auf der Suche nach Erleichterung warst, dann bist du jetzt am richtigen Ort. Ich sage das nicht, weil ich finde, dass dieses Buch etwas »Besonderes« ist, sondern weil ich den Weg zur Vergebung gegangen bin – und immer noch gehe. Ich komme nicht als Lehrer zu dir und auch nicht als eine Art höheres Wesen – ich biete dir als dein Freund das an, was ich gelernt habe.

Kann man lernen, Wunder zu bewirken? Ja!

Wie vorhin schon erwähnt, erlebte ich Vergebung im spirituellen Sinn zum ersten Mal durch ein Engelkartendeck. Als ich lernte, diese Karten zu benutzen, sagte ich den Leuten instinktiv: »Du musst lernen, dir selbst zu vergeben. Obwohl ich damals erst 15 oder 16 war, schien dieser Satz für jeden zu gelten, der die »Vergebungskarte« auswählte. Ich benutze dieses Kartendeck immer noch, und diese ist die anspruchsvollste und heilendste Karte von allen.

Durch dieses Kartendeck begann ich, mehr über Engel zu lernen. Ich entdeckte, dass sie uns helfen konnten, wenn wir sie riefen, und ich merkte schon sehr früh, dass sie Menschen bei Vergebung helfen konnten, ob sie nun sich selbst oder anderen vergeben wollten. Wenn sie gerufen wurden, leiteten diese erstaunlichen Wesen diejenigen, die Vergebung brauchten, dazu an, ihr Leben zu ändern und zu heilen.

Auf meiner Engel-Reise stieß ich auf viele verschiedene spirituelle Autoren, und ganz besonders faszinierend fand ich Doreen Virtue. In ihrem Buch *Dein Leben im Licht* stieß ich zum ersten Mal auf *Ein Kurs in Wundern*. Doreens Weg in *Dein Leben im Licht* hat mich sehr inspiriert, vor allem, da sie ihr Suchtverhalten beim Essen geheilt und sich von ihrem Übergewicht befreit hat – was auch ich getan habe.

Als ich las, dass Doreen Schülerin von *Ein Kurs in Wundern* war, bat ich meine Mum, mir ein Exemplar zu besorgen, und meine wundervolle Mutter schenkte mir zu Weihnachten ein gebundenes Buch. Ich war begeistert. Ich dachte, ich würde echte Wunder erleben wie solche, über die ich in *Autobiographie eines Yogi* von Paramahansa Yogananda gelesen hatte, wo Gurus Gold, Blumen und duftende Öle aus der Luft holen.

Ein Kurs in Wundern ist ein metaphysischer, gechannelter Text. Geschrieben wurde er von einer Dame namens Helen Schucman, einer Psychologin. Er wurde ihr von einer inneren Stimme übermittelt, die sie nur als »Jesus« beschreiben konnte. Sie schrieb alles, was sie hörte, über sieben Jahre lang auf.

Der *Kurs* ist in christlichem, fast biblischem Format geschrieben, ist jedoch ein nicht-religiöser Text. Das Buch hat einen blauen Einband mit goldener Schrift vorne und ist in fünf Abschnitte eingeteilt. Der erste besteht aus dem Text, der nächste aus 365 Lektionen (das ist der eigentliche Kurs), dann kommt ein Handbuch für Lehrer, ein Abschnitt mit Begriffsklärungen und schließlich einige Ergänzungen.

Als ich ihn vor über zehn Jahren zum ersten Mal in den Händen hielt, hatte ich absolut keine Ahnung, wo ich anfangen sollte. Ich fand den Text schwer zu verstehen – alles, was ich las, war mir zu hoch, und das ging eine ganze Weile so. Schließlich legte ich den *Kurs* in mein Bücherregal, und dort lag er einige Jahre lang.

Doch es war merkwürdig. Obwohl der *Kurs* für mich keinen Sinn ergab, wusste ich einfach, dass es einen Weg gab, ihn zu verstehen und dass es mir eines Tages gelingen würde.

Erst fünf Jahre später bekam ich einen Zugang dazu und verstand, was er mich lehrte. Der Durchbruch kam, als mir klar wurde, dass das Arbeitsbuch nicht von ungefähr im *Kurs* enthalten war. Ich müsste nur beginnen, mich durchzuarbeiten und gleichzeitig den Text zu lesen, und dann würde ich ihn schließlich verstehen. Zu meiner freudigen Überraschung funktionierte es tatsächlich so. Und mittlerweile ist der *Kurs*, auch dank Autoren und Rednern wie Marianne Williamson, Gabrielle Bernstein und meinem lieben Freund Robert Holden, ein großer Teil meines Lebens geworden.

In meinen Augen ist *Ein Kurs in Wundern* ein Kurs im Vergeben. Es ist ein 365-Tage-Arbeitsbuch, das uns hilft, die Welt anders zu sehen. Eigentlich ist es ein Handbuch zur Veränderung unserer Denkweise.

Die Hauptaussage ist sehr einfach: »Nur Liebe ist real.« Alles, was nicht Liebe ist, ist »eine Illusion«. Im Grunde sind Angst, Schmerz, Verletzung, Abwehr und so weiter nur Illusionen – Herausforderungen, die verschwinden, wenn wir unsere Art zu denken (und zu handeln) zur Liebe hin umwandeln können.

Ein Kurs in Wundern ist meine tägliche spirituelle Übung geworden und hat mir geholfen, die Dynamik der Vergebung zu verstehen. Vergebung ist nicht nur der Akt, jemandem (oder sich selbst) zu sagen, man habe ihm vergeben – Vergebung bedeutet, zutiefst zu akzeptieren, dass nur die Liebe zählt.

Erklärte Wunder

Durch das Studium von *Ein Kurs in Wundern* habe ich viel über mich selbst gelernt, aber nicht nur das, ich habe auch ein stärkeres Band zu meinen Schutzengeln und meinem Schöpfer entwickelt. Im Grunde hat mich der *Kurs* wieder zu Gott geführt.

Ich will nicht lügen – das Wort »Gott« war viele Jahre total abschreckend für mich. Wahrscheinlich lag das daran, dass ich, wie viele andere, mit Religion und religiösen Menschen so meine Probleme hatte. Der Gott, den ich in der Sonntagsschule kennengelernt hatte, war kein Gott der Liebe, sondern eher ein Gott der Angst. Mir wurde schon früh eingeimpft, dass ich direkt in die Hölle käme, wenn ich Gott nicht um Vergebung für meine Sünden bitten würde. Brillant.

Jahrelang benutzte ich lieber das Wort »Universum« oder »Quelle« statt des Wortes »Gott«, weil ein Teil von mir nicht in die gleiche Schublade mit einer »religiösen Person« gesteckt werden wollte. Aber auch das ist nur Wahrnehmung. Durch die Veränderung - und Heilung - meiner Wahrnehmung ist mir klargeworden, dass Gott das Universum *ist* – und nicht ein alter Mann mit einem Stock oder eine grausame Energie. »Gott ist Liebe«, wie Reverend Run immer am Ende seiner Reality TV Show sagt.

Wenn uns klar wird, dass Gott nicht grausam oder strafend ist, dass wir keine Sünder sind, nicht in die Hölle kommen und dass der Flow des Lebens uns in jeder Hinsicht trägt, dann ändert sich unsere Beziehung zu Gott.

In *Ein Kurs in Wundern* wird Gott als »Er« bezeichnet, und ich werde es genauso machen, um einfacher vermitteln zu können, was ich gelernt habe. Aber in Wahrheit ist Gott »Er« und »Sie« – eine göttliche Balance. Gott ist jeder, dem wir begegnen, und Gott ist in uns. Gott ist eine universelle Lebenskraft, die alles ist und immer sein wird.

Der *Kurs* lehrt uns, dass wir alle der »Sohn Gottes« sind, und obwohl das ein männlicher Begriff ist, bedeutet es in meiner Sicht, dass wir alle gleich sind. Er erinnert uns daran, dass niemand größer oder begabter ist als der andere, dass wir alle Brüder und Schwestern auf diesem Planeten sind und in den Augen Gottes, einer wie der andere, besonders sind.

Es hilft uns auch zu erkennen, dass unser wahrer Lehrer nicht außerhalb von uns, sondern in uns ist. Dadurch erreichen wir diesen Zustand der Stille, in dem wir auf unseren inneren Lehrer und alles, was er uns zu bieten hat, hören können.

Der *Kurs* lehrt uns auch, dass es im Leben nur zwei Zustände des

Seins gibt: Liebe und Angst. Wenn wir in einem Zustand der Liebe sind, sehen und erfahren wir nur Liebe, wir geben uns völlig dem Moment hin, in dem wir uns gerade befinden, wir vertrauen auf Gott und seine heiligen Engel, und wir lassen uns von der Lebenskraftenergie vorwärts tragen.

Wenn wir hingegen im Zustand der Angst sind, sind unsere Wahrnehmungen verschwommen, und wir haben kein Vertrauen. Wir erwarten das Schlimmste, und wir können weder unser eigenes Licht noch das der anderen sehen. Wir sind gefangen in Wut, Frustration, Unglück, Zynismus und allem, was nicht komplett liebevoll und akzeptierend ist.

Ich bin dankbar für die Male, in denen ich mich im Zustand der Angst befunden habe, weil sie mir Gelegenheit boten, mich auf Liebe zu konzentrieren und letztlich die Liebe zu *sein*. In Wahrheit leben wir in einem Albtraum, wenn wir uns im Zustand der Angst befinden. Er ist nicht real, weil unser ganzes Sein Liebe ist. Es ist buchstäblich göttlich. Aber im Moment der Angst haben wir unsere Göttlichkeit vergessen. Wir können sie jedoch rasch wiederherstellen, indem wir uns daran erinnern, dass nur Liebe real ist!

Rückkehr zur Ganzheit

Wir sind entweder bereit, zur Ganzheit zurückzukehren, oder wir befinden uns auf der Reise dorthin. Die Engel haben mich gelehrt, dass wir *bereits ganz sind*. Unsere Seele ist göttliches Licht, und dieses Licht kann im körperlichen Sinn gedämpft werden, aber auf einem spirituellen Level leuchtet es immer.

Die Sterne können ohne Dunkelheit nicht leuchten, und die Wahrscheinlichkeit ist hoch, dass du der Dunkelheit bereits begegnet bist, deshalb stell es dir so vor: Du leuchtest bereits! Du bist ein Stern, ein göttliches Licht im Universum, und das Schöne daran ist, dass deine Schutzengel es sehen können.

Innerlich bist du bereits ganz, du musst nur noch deinen Körper und deinen Geist darauf einstellen. Wenn du das tust, bist du ein wandelndes Wunder. Da ein Wunder eine Verschiebung der Wahrnehmung ist, kannst du jeden Tag deines Lebens Wunder bewirken. Eigentlich erschaffst du sie bereits. Die Tatsache, dass du jetzt hier bist, bei mir und in der Gegenwart deines Schutzengels, zeigt, dass du deine Denkweise verändert hast und dich auf großen Segen vorbereitest.

Das Wort mit »V«: »Vergebung«

Für mich ist Vergebung viel mehr geworden als nur das, was ich aus meinen Kindheitserfahrungen gelernt habe. Es ist nicht nur ein Akt oder etwas, was man sagt, es ist kein Geisteszustand oder eine Denkweise, es ist ein Zustand des Seins, es ist eine Verschiebung in der Wahrnehmung, die Erinnerung an Liebe und das Ablegen von einschränkenden Gedanken und Emotionen, die auf Angst beruhen. Vergebung ist ein Geschenk, das wir uns selber machen. Es entfernt die Augenbinde, die uns daran hindert, Liebe zu sehen.

Im ersten Abschnitt von *Ein Kurs in Wundern* gibt es eine Liste, »Grundsätze der Wunder«, die ich ständig lese. Für mich sind die Grundsätze unzählige Male im Leben eine äußerst notwendige Quelle der Inspiration gewesen. Als ich dieses Buch schrieb, beschloss ich, meine eigenen Grundsätze zu schaffen, in denen es nur um Vergebung geht. Ich schrieb sie, während ich mit Freunden unterwegs war – wir fuhren für einen Tag nach Alton Towers, dem Vergnügungspark in Staffordshire, um unsere inneren Kinder mal wieder richtig lachen und kichern zu lassen.

Nimm dir Zeit, um diese Grundsätze zu studieren, und lies sie gründlich durch.

Die Grundsätze der Vergebung

➢ Vergebung ist eine zutiefst profunde Akzeptanz unserer Heiligkeit.
➢ Vergebung akzeptiert voll und ganz, dass wir alle gleich sind.
➢ Vergebung ehrt das Göttliche in anderen und in uns selbst.
➢ Vergebung ist der Moment, in dem wir zurücktreten in unser wahres Selbst.
➢ Vergebung ist der Moment, in dem Liebe zu unserer Kraftquelle wird.

- ➢ Vergebung heißt den Frieden willkommen.
- ➢ Vergebung ist das Erwachen unserer inneren Vision.
- ➢ Vergebung ist ein Fest – die Engel tanzen vor Freude.
- ➢ Vergebung ist die Erinnerung an unsere Unschuld.
- ➢ Vergebung bedeutet, uns selbst so zu lieben, dass wir schlechtes Benehmen nicht akzeptieren.
- ➢ Vergebung ist, wenn die Fehler eines anderen unser Glück nicht länger beeinträchtigen.
- ➢ Vergebung ist die Öffnung zu einer allgegenwärtigen Liebe.
- ➢ Vergebung vertreibt Gift und leitet Heilung ein.
- ➢ Vergebung ist die Erinnerung daran, dass wir nie wirklich verletzt werden können, denn nichts kann unsere Seele trüben. Bist du bereit und willens zu vergeben?

Was bedeutet Vergebung für dich?

Um deine Wahrnehmung zu verschieben und dem Wunder der Vergebung zu erlauben, sich in deinem Leben zu entfalten, ist es wirklich wichtig, ein wenig Zeit darauf zu verwenden, herauszufinden, welche Bedeutung Vergebung für dich hat. Wenn du ein Tagebuch führst, wäre es perfekt für diese Übung, damit du später nachschlagen kannst, aber Kugelschreiber und Papier tun es auch.

- ➢ Schreib oben auf die Seite: »Was bedeutet Vergebung für mich?«
- ➢ Dann schreib innerhalb von fünf bis zehn Minuten Wörter, Sätze und Gefühle auf, die dir helfen herauszufinden, was Vergebung für dich bedeutet. Die oben aufgeführten Grundsätze helfen dir vielleicht dabei.

Wenn du deine instinktiven Gefühle über das Wort »Vergebung« zu Papier gebracht hast, wirst du verstehen, wie sie sich auf dein Leben auswirken kann.

Wenn du einen Partner hast, kannst du diese Übung sogar noch besser machen. Ihr sitzt euch gegenüber und dein Partner fragt dich immer wieder: »Was bedeutet Vergebung für dich?« Jedes Mal musst du etwas Neues darauf antworten. So bringst du, ohne allzu sehr nachzudenken, deine tiefsten Gefühle über diese wundersame Verschiebung in der Wahrnehmung zutage. Dann tauscht ihr die Rollen. Du übernimmst das Fragen, und dein Partner antwortet.

Auf der Grundlage von *Ein Kurs in Wundern* habe ich ein Gebet für dich geschrieben, mit dem du die Vision und die Denkweise von Vergebung aufrufen kannst, um diesen Zustand des Seins in dein tägliches Leben zu integrieren und ein von Liebe getragenes Leben zu führen.

»Lieber Gott, universelle Lebenskraft und Schöpfer,
ich bin wie du. In mir wohnt keine Grausamkeit, denn auch in
dir ist keine. Dein Frieden gehört zu mir. Ich segne die Welt mit
dem Frieden, den ich von dir alleine erhalten habe. In dem
Wissen, dass wir eins mit dir sind, wähle ich den heutigen Tag
zum höchsten Wohl aller Menschen. Ich bringe ihnen dein Heil,
da ich es jetzt erhalten habe. Und ich danke dir für sie, denn in
ihnen sehe und erkenne ich dein Licht und finde deinen
Frieden. Heilig sind wir, weil deine Heiligkeit uns befreit hat.
Für die Freiheit danke ich dir.
Ich erwecke die Vision der Vergebung. Ich vergebe und mir
wird vergeben.
Und so ist es.«

2

EINE HEILIGE BEGEGNUNG

»Engel lauschen, wenn sie spricht:
Sie ist mein Entzücken, aller Menschheit Wunder ...«
JOHN WILMOT ROCHESTER

Ich hatte keine Ahnung, dass ich einmal ein Buch über Vergebung schreiben würde. Ein Teil von mir fühlte sich dazu wahrscheinlich gar nicht qualifiziert genug. Vergebung ist tief. Es ist eine heilende Akzeptanz, die nicht nur unser Leben betrifft, sondern tief in unsere Seele dringt. Wie konnte ich darüber schreiben? Doch dann hatte ich eine heilige Begegnung.

Seit ich als Teenager das Buch *Der Da Vinci Code* gelesen hatte, war ich fasziniert von Maria Magdalena. Um ehrlich zu sein, hatte ich von ihr vorher nur die Geschichten gehört, die in der der Sonntagsschule über »Jesus' Freundin Maria Magdalena« erzählt werden.

Wenn du sie nach Maria Magdalena fragst, antworten die meisten Leute, sie sei eine Prostituierte gewesen. Es gibt Gerüchte, sie sei die Niedrigste der Niedrigen in der Gesellschaft gewesen. Deshalb ist sie heute für viele so ein starkes Symbol für Buße. Aber mir kommt es eher so vor, als habe man sie als Prostituierte bezeichnet, weil über die Jahre auch spekuliert wurde, dass Jesus ein Verhältnis mit ihr hatte. Das hat wahrscheinlich einigen Aufruhr verursacht, zumal damals Verhältnisse als »unheilig« angesehen wurden. Zwar hat sich die Kirche Jahre später entschuldigt und sie heiliggesprochen, aber bis in die heutige Zeit betrachten viele sie als Hure, was letztendlich nicht die Wahrheit ist.

Da hat tatsächlich jemand Geschichten vermischt – und zwar Papst Gregor I. im sechsten Jahrhundert. Er ging davon aus, dass die Maria, die Jesus mit ihrem Haar die Füße gewaschen hat, Maria Magdalena war, dabei war es Maria, die Schwester von Martha. Doch selbst dann kann ich Maria nicht in einem negativen Licht sehen. Ja, sie war eine Prostituierte, aber sie hat nur versucht, mit dem, was sie am besten konnte, zu überleben. Wir können ihr nur Liebe schicken.

Die Frau, die Vergebung kennt

Seit ich zum ersten Mal von Maria Magdalena hörte, hatte ich immer, wenn ich an sie dachte, das Gefühl, ihre Rolle müsse es sein, Vergebung anzubieten. Vielleicht lag das daran, dass die Erinnerung an sie so schrecklich beschmutzt worden war, und ich tief im Inneren immer gewusst hatte, dass ihre Seele keinen Groll hegte und in einem Raum ewiger Liebe existierte.

Sie stand auf meiner Liste spiritueller Gebete ganz hoch oben. Vor einiger Zeit habe ich mir sogar ihr Porträt auf den Arm tätowieren lassen. Sie ist eine jugendliche Frau mit großen Augen, verschleiert von einem umgedrehten Dreieck, das das göttliche Weibliche ehrt. Sie hält einen Becher an die Brust, der den Heiligen Gral repräsentiert und die Tatsache, dass Frauen Gefäße des Lebens sind. Unter dem Becher ist eine Rose, die bedingungslose Liebe verkörpert.

Als ich etwa zwanzig war, beschloss ich, mir die Geschichte von Maria Magdalena genauer anzusehen, um wirklich ihren Hintergrund kennenzulernen. Als ich erfuhr, dass es ein Evangelium von ihr gibt, besorgte ich mir sofort ein Exemplar. Zwar las ich es, aber ich war jung, das Leben kam mir dazwischen, und so verfolgte ich das Studium Maria Magdalenas nicht weiter. Allerdings glaubte ich weiterhin, dass sie denjenigen, der sie anrief, spirituell führte.

Initiation

Meine Beziehung zu Maria Magdalena öffnete sich erst richtig, als ich es am wenigsten erwartete. Eigentlich geschah es erst dieses Jahr, und ich war weiß Gott nicht darauf vorbereitet. Ich hielt gerade auf einer der wundervollen Veranstaltungen von Hay House, London, einen Vortrag, als so etwas wie eine göttliche Initiation stattfand.

Eine der anderen Rednerinnen war Meggan Watterson. Meggan ist, wie sie selber sagt, eine »Theologin in Hot Pants«, und sie ist spezialisiert auf das göttliche Weibliche. Ihr Buch, *Reveal,* ist ein Handbuch, um sich spirituell zu entblößen. Alle hatten mir gesagt, wie liebenswert ich sie finden würde, aber wenn jemand mir so etwas sagt, bleibe ich offen und entscheide selber.

Meine Freundin Hollie Holden lud mich ein, sie zum Vortrag von Meggan zu begleiten. Wir saßen auf der rechten Seite im Publikum, vorne in der zweiten Reihe, und ich hatte einen guten Blick auf Meggan, als sie auf die Bühne kam.

Ich war fasziniert von ihr. Es war, als ob ein goldenes Licht um sie herum leuchten würde. Sie trug ein orangefarbenes Kleid, was sich wundervoll um ihre Figur schmiegte. Und nicht nur das, sie war lustig – bald schon lachte ich über ihren trockenen Humor, und ich spürte, dass mich etwas tief in der Seele berührte.

In ihrem Vortrag sagte Meggan, wir selber seien die Wahrheit, die wir alle suchten. In uns allen sei eine göttliche Seelenstimme, die mit der Quelle ewiger Liebe verbunden war, die uns alle geschaffen hatte. Diese Erinnerung, dass ich göttlich war, hatte ich so nötig.

Noch großartiger fand ich, dass Meggan über die indische Göttin Kali redete und dann über meine Lieblingsfrau: Maria Magdalena. Merkwürdig war, dass ich beide Figuren als Tattoo auf mir trug. Mittlerweile war ich richtig aufgeregt. Es beeindruckte mich so, dass diese Frau sich auf eine so liebevolle und verletzliche Art und Weise auf die Bühne stellte – sie ermutigte uns alle, mit unserer Spiritualität zu den Ursprüngen zurückzukehren.

Meggan sprach engagiert über das göttliche Weibliche, brachte jedoch deutlich zum Ausdruck, dass sie keine Feministinnen erschaffen, sondern vielmehr die Art, wie wir das Göttliche sehen, in ein Gleichgewicht bringen wolle. Dann tat sie etwas, auf das ich nicht vorbereitet war: Sie verkündete, sie würde jetzt eine Passage aus einem gnostischen Text aus dem zweiten Jahrhundert lesen, »Bronte oder Vollkommener Verstand«.

Sie stellte sich mitten auf die Bühne, öffnete die Arme und hob die Hände, blickte nach oben und begann zu rezitieren:

»Denn ich bin die Erste und die Letzte.
Ich bin die Geehrte und Verachtete.
Ich bin die Hure und die Hehre.
Ich bin das Weib und die Jungfrau.
Ich bin die Mutter und die Tochter.
Ich bin die unfruchtbare Frau, deren Söhne zahlreich sind.
Ich bin die, deren Hochzeit prächtig ist, und ich heiratete nicht.
Ich bin das Schweigen, das unerreichbar ist.
Und Einsicht, deren Erinnerung groß ist.
Ich bin die Stimme, deren Klang zahlreich ist.
Ich bin das Aussprechen meines Namens.
Warum habt ihr mich gehasst?
Ich bin das Licht des Herzens.«

Ich weiß nicht, was in jenem Augenblick passierte, aber es fühlte sich so göttlich und heilig an. Meine Hellsichtigkeit öffnete sich, und ich sah eine Welle auf das gesamte Publikum zufließen. Sie war dunkelrot und kam wie ein Tsunami über mich. Misstrauisch sah ich sie kommen, wusste aber zugleich, dass ich darin eintauchen wollte.

Als sie mich traf, nahm sie mir den Atem. Ich sank auf meinem Stuhl zurück und bekam nicht mehr mit, was um mich herum geschah, und wo ich war. Was Meggan in den letzten Minuten ihres Vortrags sagte, weiß ich nicht mehr. Ich kann mich nur noch an ungeheure Liebe erinnern. Es kam mir vor, als sei mein Herz aufgebrochen. Wenn es verschlossen gewesen war, gab es die Schlösser jetzt nicht mehr. Ich fühlte mich wundersam gehalten und sah überall Engel. Als ich mich zu den anderen Zuhörern umdrehte, wünschte ich, sie könnten sehen, was ich sah: Göttliche Engel der Liebe waren um uns versammelt und sorgten dafür, dass unsere Seelen die Unterstützung aufnahmen, die sie brauchten.

Mitten in dieser Situation fiel mir auf einmal ein, dass ich von einer Zeitung interviewt werden und anschließend einen einstündigen Vortrag halten sollte. Ich musste mich sammeln. Leise schlich ich mich aus dem Saal und ging in den Waschraum. Ich musste mich einen Moment lang in einer Kabine einschließen, um zu begreifen, was gerade mit meiner Seele passiert war.

Die Stimme von »Bronte oder Vollkommener Verstand« fühlte sich an wie die von Maria Magdalena. Mir kam es so vor, als ob Meggan sie gerade gechannelt hätte. Und nicht nur das. Obwohl an jenem Tag über 500 Leute im Saal saßen, hatte ich das Gefühl, ihre Worte waren direkt an mich gerichtet.

»Was war das, verdammt noch mal?«, sagte ich zu mir.

Die Stimme Chamaels, meines Schutzengels, antwortete: »Alles wird dir bald offenbart.«

Ich sprach ein Gebet, um mich wieder zu beruhigen, und atmete tief durch. Ich musste mir ins Gedächtnis rufen, über was ich hier und heute sprechen wollte.

Als Ruth, die Pressefrau von Hay House, und ich schließlich auf dem Weg zu dem Interview mit dem Journalisten waren, sagte ich zu ihr: »Oh, mein Gott – ich liebe Meggan Watterson. Ich muss sie dieses Wochenende unbedingt kennenlernen.«

Lachend erwiderte Ruth: »Sie ist wundervoll, nicht wahr?«

»Ja – sie hat gerade bei ihrem Vortrag Göttinnen-Energie gechannelt, und ich bin hin und weg. Ist sie nachher noch da?«

»Ich glaube, sie fährt jetzt wieder ins Hotel.«

Das war eigentlich nicht das, was ich zu hören hoffte, aber in meinem Herzen sagte ich: »Engel, ich danke euch, dass ihr mir später ein Treffen mit Meggan organisiert, damit wir uns kennenlernen können.« Dann gab ich mich dem Augenblick hin.

Nach meinem Interview (das wirklich gut lief), ging ich hinter die Bühne, um mich auf meinen Vortrag zum Abschluss des Samstagnachmittag-Programms vorzubereiten. Ich freute mich echt darauf, den Zuhörern meine Botschaft über die Engel und die Macht des Gebets weiterzugeben.

Ich weiß nie richtig, was ich bei solchen Anlässen sagen soll, beziehungsweise, ich bin nie übermäßig vorbereitet, weil ich gerne aus dem Herzen spreche – um das auszudrücken, was ich gerade empfinde. Doch immer schreibe ich ein Gebet zur Unterstützung meines Vortrags in mein Tagebuch, und wenn ich daran denke, eröffne ich den Vortrag damit. Das tat ich auch an jenem Tag. Und gerade als ich mein Gebet beginnen wollte, sah ich, dass Meggan Watterson auf dem Platz im Publikum saß, wo ich vorher gesessen hatte. Jetzt hörte sie mir zu.

Ich las mein Gebet, das ich auch mit euch hier teilen möchte:

»Liebe Engel,
ich danke euch, dass ihr mir erlaubt, eine Stimme zu sein – eure Stimme –, um anderen dabei zu helfen, ihre natürlichen Gaben und Begabungen zu erkennen. Danke, dass ihr meine Worte leitet, mir zeigt, wie ich es sagen und wie ich andere leiten soll. Ich bin überglücklich, mit euch im Licht von Gottes Gnade zu arbeiten und ergreife diese Gelegenheit, um euch meine Dankbarkeit mitzuteilen. Ich liebe es, dass wir ein Team sind, und ich liebe es, anderen Menschen helfen zu können. Ihr seid meine Führung, ich bin euer größter Fan, und ich weiß, dass ihr auch meine Fans seid. Dann lasst uns mal loslegen – ich liebe euch.
Und so ist es!«

Die Zuhörer lächelten, und ich begann meine Geschichte zu erzählen. Mir kam es vor wie Minuten, aber es war tatsächlich eine ganze Stunde. Ich redete direkt zum Publikum, sah dabei aber unwillkürlich immer wieder zu Meggan hin – sie zog mich in ihren Bann. So etwas war mir noch nie passiert – was ging hier vor sich?

Am Ende des Vortrags signierte ich wie immer meine Bücher und fuhr dann wieder zum Hotel. Jessica, die die Events für Hay House koordinierte, lud mich zum Abendessen ein, was toll war.

Als ich ins Restaurant kam, saß zu meiner Überraschung und

Freude außer Jessica und Jo Burgess, der wundervollen Pressechefin von Hay House, auch noch Meggan am Tisch.

Bevor ich etwas sagen konnte, sagte Meggan zu mir, sie hätte meinen Vortrag wundervoll gefunden. Ich war völlig hin und weg – ich musste ihr alles erzählen.

Der Abend überwältigte mich. Meggan und ich redeten über Maria Magdalena und Kali und stellten fest, dass wir beide Engel und Gebete lieben. Es war einfach wundervoll. Ich hatte meine Schwester gefunden, eine neue beste Freundin und Seelengefährtin zugleich. Und Meggans Worte aus »Bronte – Vollkommener Verstand« hatten das Bedürfnis in mir geweckt, zu Hause alle meine Texte über Maria Magdalena wieder auszugraben und sie von Neuem zu studieren. Ich hatte das Gefühl, darin etwas entdecken zu können.

Als ich schließlich nach Hause ging, nahm ich Meggans Buch mit. Ich liebte dessen Botschaft, dass wir spirituell verletzlich und nackt sind. Also beschloss ich, dass ich auch körperlich nackt sein müsse, um spirituell nackt zu werden. Ich zog mich aus und ließ mir ein schönes warmes Bad ein. Dann ging ich mit Meggans Buch in die Wanne.

Beim Lesen fielen mir die Augen zu. Ich legte das Buch zur Seite, und als ich die Augen schloss, fiel ich in einen tiefen, tranceartigen Zustand.

Plötzlich befand ich mich in einer tiefen, roten Kristallhöhle. Überall waren rubinfarbene Kristalle, die im Licht schimmerten. Ich sage zwar »Licht«, aber die Höhle war eigentlich dunkel. Aber die Dunkelheit war nicht negativ – eher so, als sei es Nacht.

Plötzlich stand eine weibliche Gestalt vor mir und blickte mir in die Augen. Ihre Augen waren dunkelbraun, wie Schokolade. Sie hatte ein schönes, herzförmiges Gesicht mit hohen Wangenknochen. Ihre Haare wurden von einem roten Schleier verdeckt, aber ich konnte sie darunter sehen. Sie war rot gekleidet – in einem Rot, das ich nur als »leuchtend« beschreiben kann.

»Ich bin hier, um dir bei deinem Buch über Vergebung zu helfen.«

Ich hörte die Worte laut und deutlich. Sie waren direkt und einfach, und ich wusste, ich musste sie wahrnehmen.

Laut fragte ich: »Vergebung? Warte mal – wo bin ich?«

»Du bist in der Höhle deines Herzens. Ich treffe dich hier.«

Da wurde mir klar, dass dies eine heilige Begegnung mit Maria Magdalena war. Und dann wachte ich auf.

Den Rest des Abends war ich von einem Gefühl der Freude durchdrungen. Es war wundervoll, aber ich wusste, dass der Himmel mir einen Auftrag gegeben hatte und ich mich führen lassen musste. Ich begann, mir Notizen zu machen und alles festzuhalten, wovon ich mich inspiriert fühlte.

Die gnostischen Evangelien

Nachts im Bett kam mir die Erkenntnis, dass Maria Magdalena mich nicht nur im Bad besucht hatte, sie war auch an jenem Tag bei dem Vortrag da gewesen. Sie war die rote Welle, die von Meggan ausgegangen war – es war ihr Licht, das mich überflutet hatte. Es war, als hätten Engel und aufgestiegene Meister die Ereignisse so inszeniert, dass ich bei dem Vortrag war und erkennen konnte, dass Maria Magdalena mich bei meiner Arbeit unterstützen würde. Und in der Tat hatte ich das Gefühl, dass sie der leitende Geist des gesamten Projekts werden würde.

Am nächsten Tag ging ich in mein Büro und sah alle meine spirituellen Bücher über Heilige, aufgestiegene Meister, Jesus und den heiligen Gral in der Hoffnung durch, mehr Information über sie zu finden. Ich nahm mir auch meine gnostischen Evangelien vor, um ihre Botschaft zu lesen.

Die gnostischen Evangelien sind eine Sammlung von über 50 Texten, die auf den Lehren zahlreicher spiritueller Lehrer basieren. Sie wurden zwischen dem zweiten und vierten Jahrhundert nach Jesus‘ Tod geschrieben. »Gnostisch« kommt vom griechischen Wort *gnosis*, was »Wissen« bedeutet und als »Erkenntnis« oder als göttliche Führung, wie ich es gerne bezeichne, interpretiert werden kann.

Die gnostischen Evangelien gehören nicht zum Standardkanon des Neuen Testaments. Sie bieten einen neuen Denkansatz (na ja, nicht wirklich neu), eine alternative Sicht auf die Lehren Jesu. Mich hat die Tatsache beeindruckt, dass die Frauen darin eine Stimme haben und die zugrundeliegende Energie als »Mutter-Vater« anerkannt ist. Das verleiht der Botschaft eine ganz neue Dimension. Ich vertiefte mich in »Das Evangelium der Maria Magdalena«, und die Erfahrung war herzerwärmend und erhellend.

Je mehr ich mich in den Text vertiefte, desto klarer wurde mir, dass alles nur um die Reise der Seele geht. Es geht um Menschen, die sich an ihre spirituelle Wahrheit erinnern und sie mit der Welt teilen – so wie alle Lehren über spirituelles Wachstum, die ich und andere heute mit der Welt teilen.

Die Seiten eins bis sechs fehlen im Manuskript, deshalb beginnt das Evangelium mit Kapitel 2, einer Lehre von Jesus:

> *»Alle Natur, jede Gestalt und jede Kreatur besteht in- und miteinander und wird wieder zu ihren eigenen Wurzeln hin aufgelöst. Denn die Natur der Materie kann sich nur zu ihren eigenen Wurzeln hin auflösen.«*
>
> Kapitel 2, Verse 2-5

Hier lehrt Jesus etwas, was die Weisen, Yogis und Physiker uns heute ebenfalls sagen: *Wir sind alle eins.*

Als Petrus ihn fragt: *»Du hast uns alles erkennen lassen, sag uns nun auch noch dies: Worin besteht die Sünde der Welt?«*, da antwortet Jesus:

> *»In Wahrheit gibt es keine Sünde, sondern ihr macht Sünde durch euer Tun. Sie kommt (zum Beispiel) aus der Natur der zerbrochenen Ehe. Das nennt einer ›Sünde‹. Deswegen aber kam das Gute in die Mitte, bis zum Wesen jeder Natur, um so wieder in ihre Wurzel einzufügen.«*
>
> Kapitel 3, Verse 3-6

Jesus vermittelt hier eine wichtige Information, die die christlichen Vorstellungen von Sünde völlig verändert haben könnte, wenn dieser Text in den Kanon eingegliedert worden wäre. Er sagt uns, dass wir es sind, die die Sünde schaffen – dass es auf der Erde Dinge gibt, die wir vielleicht als falsch betrachten, die uns aber nicht davon abhalten, gut zu sein. Damit weist er auf das Allerwichtigste hin: Das Gute existiert in dir. Es ist deine Natur – so bist du. Dieses Gute ist deine innere Göttlichkeit; es ist dein heiligstes Selbst. Es ist deine Seele.

Was in diesem Evangelium gelehrt wird, kennst du wahrscheinlich schon seit langer Zeit und hast es unzählige Male gehört: Du bist Geist, du hast eine Seele, und sie ist ein Teil von dir, der nicht zerstört werden kann. Sicher machst du Fehler und ja, du wirst Teile deines Lebens gerne ändern wollen, aber die Wahrheit ist, das Gute in dir kann nicht weggenommen werden. Es ist der Teil von dir, der auf deine Aufmerksamkeit wartet – er wartet darauf, mit dir zu wachsen und sich zu erheben.

Menschlichkeit

Der letzte Teil von Jesus' Lehren, bevor er sich zurückzieht, ist ein deutlicher Weckruf für uns alle. Ob du an die Existenz von Jesus glaubst oder nicht, oder überhaupt an die Gültigkeit dieses Textes, ist egal, weil seine Worte in der Seele widerhallen, wenn du bereit bist, die Reise der Vergebung anzutreten.

> »Frieden mit euch! Mühet euch um meinen Frieden! Hütet euch, dass niemand euch abirren lasse mit den Worten: ‚Seht hier!' oder ‚Seht da!' Denn der Sohn der Menschheit ist inwendig in euch. Ihm sollt ihr nachgehen! Wer ihn sucht, wird ihn finden. Geht also und predigt das Evangelium der Herrschaft (Gottes). Ich habe euch kein anderes Gebot gegeben, nur das, worin ich euch unterwiesen habe. Und ich habe euch kein Gesetz gegeben, wie Gesetzesstifter tun. Ihr sollt nicht durch das Gesetz ergriffen werden.
>
> Kapitel 4, Verse 2-10

Diese Botschaft hat mich so begeistert, weil Jesus uns hier lehrt, uns von niemandem von unserem Guten abbringen zu lassen. Er ermutigt uns, friedlich zu bleiben, und uns von niemandem beleidigen oder von unserer inneren Göttlichkeit abbringen zu lassen. Wenn er sagt, dass das Kind der Menschheit in uns ist, dann meint er damit, dass wir alle sanft und freundlich sind, weil die Definition von Menschlichkeit Güte ist. Er ermutigt uns, anderen von ihrem Guten zu berichten und unser eigenes Gutes mit all denen um uns (im Reich Gottes) zu teilen. Und er ermahnt uns, uns nicht von erfundenen Regeln oder Gesetzen, die unserem Wachstum im Wege stehen, einschränken zu lassen. Das ist so wichtig. Wenn wir seiner Führung folgten, wäre Vergebung möglicherweise noch nicht einmal ein Thema. Darüber kannst du mal meditieren.

Die Magdalena entdecken

Die Einführung in das Evangelium der Maria Magdalena zog mich in ihren Bann und bestätigte, was mein intuitiver Eindruck von ihr mir gesagt hatte.

Es beginnt damit, dass Maria Magdalena sieht, wie traurig Jesu Jünger wegen seiner Kreuzigung sind (so scheint es zumindest, obwohl es im Text eigentlich nicht steht). Sie scheinen Angst zu haben, seine Worte und seine Weisheit weiter zu verbreiten. Maria erhebt sich und sagt:

»Weint nicht, trauert nicht und zweifelt nicht, denn seine Huld wird mit euch sein und euch hüten. Lasst uns seine Größe rühmen, denn er hat uns hergerichtet und aus uns Menschen gemacht.«

Ihre liebevolle Autorität beruhigt die Jünger.

Indes Maria dies sagte, wendete sie den Sinn derer, die ihr zuhörten, zum Guten, und sie begannen über die Worte des Retters miteinander zu reden.«

Kapitel 5, Verse 9 und 10

Ganz offensichtlich hatte Maria Magdalena eine göttliche Mission auf der Erde; sie wollte die anderen Jünger Jesu daran erinnern, dass Liebe wahrhaft war und dass sie menschliche Wesen waren. Der Begriff

»menschliche Wesen« ist eigentlich ein interessantes Wortspiel. Für mich bezieht er sich auf spirituelle Wesen, die einen menschlichen Weg gehen, und es scheint, dass Maria sich dieser Tatsache wohl bewusst war. Wie konnten die anderen sie nur so leicht vergessen? Wie konnten sie zweifeln? Zum Glück war Maria als ein Kanal da, um sie daran zu erinnern, dass die Liebe lebte und sie auf ihrem Weg vorwärtsgehen konnten.

Mächtige Visionen

Maria Magdalena enthüllt in ihrem Evangelium, dass sie eine starke Visionärin ist. In dieser Zeit damals war sie durchaus eine »Hellseherin«, denn sie sah Jesus nach seinem Tod. Aber nicht nur das: Sie sah auch Engel!

Im Johannesevangelium wird aus meiner Sicht bestätigt, dass Maria Magdalena zwar ein Mensch war, aber auch offen war für höchst spirituelle Erfahrungen. Es beginnt damit, dass sie in den frühen Morgenstunden, als es noch dunkel war, zum Grab Jesu kam und entdeckte, dass es geöffnet worden und Jesus' Leichnam nicht mehr da war. Sie eilte zurück, um es Simon Petrus und den anderen Jüngern mitzuteilen, und sie liefen sofort zum Grab. Da sie nicht wussten, was sie tun sollten, gingen sie wieder zu ihren Gefährten zurück und warteten, während Maria am Grab stehenblieb, nahe der Öffnung. Sie weinte, weil der Herr, den sie so sehr liebte, nicht mehr in seiner Ruhestätte lag. Unter Tränen blickte sie zu den Beerdigungsgewändern Jesu, wo eigentlich sein Leichnam hätte liegen müssen, und sah einen Engel von strahlendem Weiß dort sitzen, wo Jesus' Kopf gelegen hätte. Ein weiterer Engel saß dort, wo seine Füße gewesen wären.

Die Engel sprachen zu Maria Magdalena und fragten sie, warum sie so traurig sei. Sie sagte ihnen, es sei wegen ihres Herrn, der weggebracht worden sei. Dann drehte sie sich um und sah noch jemanden dort. Sie fragte ihn, ob er ihren Herrn weggebracht habe. In Kapitel 20, Verse 16-19 des Johannes-Evangeliums heißt es:

»Maria!«, (sagte Jesus). Da wandte sie sich um und sprach zu ihm: »Rabbuni (das heißt Meister)!« »Rühre mich nicht an«, (sprach Jesus zu ihr), »denn ich bin noch nicht aufgefahren zu meinem Vater. Gehe aber hin zu meinen Brüdern und sage ihnen: Ich fahre auf zu meinem Vater und zu eurem Vater, zu meinem Gott und zu eurem Gott.« Maria Magdalena kam und verkündete den Jüngern: Ich habe den HERRN gesehen und solches hat er zu mir gesagt.«

Hier wird ganz deutlich, dass Maria Magdalena eine starke spirituelle Begegnung mit Jesus hatte, obwohl sie ihn zuerst nicht erkannte. Vielleicht lag es ja daran, dass er geheilt war, oder dass sein spiritueller Körper anders war als sein physischer. Auf jeden Fall wurde Maria das Medium seiner Botschaft, und in meinen Augen macht sie das zu einem Kanal und einer Visionärin, die einem Zweck diente und ihn mitteilte. Sie wurde der Apostel für die Apostel – sie schickte sie auf die Reise, indem sie Jesus' Liebe für sie channelte. Und er kam zuerst zu ihr – sie war die erste Person, die ihn nach seiner Auferstehung und bevor er zum Himmel auffuhr, sah. Zwischen den beiden bestand eine sehr starke Verbindung.

Maria vergibt den Verrätern

Maria sagte den anderen Jüngern, dass Jesus ihr erschienen war und ihr neue Informationen gegeben hatte. Und obwohl sie das, was ich nur als göttliche Führung bezeichnen kann, mit ihnen teilte, wurde sie von vielen Jüngern in der Luft zerrissen. Sie fragten, warum gerade sie und nicht einer von ihnen Jesus gesehen und seine Worte gehört hatte.

Anfangs erschreckte Maria diese Erfahrung. Sie fühlte sich verraten, weil sie die anderen doch schon an das Gute, das in ihnen war, erinnert hatte. Schließlich jedoch erhob Levi, der auch als Matthäus bekannt war, die Stimme, um sie zu unterstützen.

Der Text vermittelt den Eindruck, dass Maria zwar bestürzt war, aber keinen Groll hegte, und schließlich gingen die Jünger ja auch in die Welt und verkündeten die »guten Nachrichten«, so wie sie ihnen gesagt worden waren.

Aufgestiegene Meister

In meinen Meditationen bin ich zu der Erkenntnis gekommen, dass Maria Magdalena nicht nur eine Heilige ist. Sie ist auch ein aufgestiegener Meister, der von jedem angerufen werden kann. Auf der Erde war sie eine spirituelle Lehrerin und Führerin, und diese Rolle hat sie auch auf der anderen Seite inne. Wir können sie also um Hilfe und Führung bitten auf unserer Reise zur Vergebung.

Maria arbeitet mit dem Reich der Engel zusammen, um Heilung und Führung zu all denen zu bringen, die ihr wirklich ihr Herz öffnen. In diesem Buch werde ich ihre Liebe und ihre Lehren mit euch allen teilen.

Maria hat eine rote Aura, aber sie ist nicht von einem dichten Rot – sie schimmert und funkelt wie ein Rubin in der Sonne. Wenn du sie anrufst, bringt sie das Rot in die Mitte deines Seins, so dass sie dich liebevoll von innen heraus führen kann.

Lass Maria Magdalena deine Führung zur Vergebung sein, und lass dich von ihr auf dieser Reise in die Freiheit und in die Erinnerung an deine innere Göttlichkeit unterstützen.

Verrat loslassen, sich an das Gute erinnern

Wie bei Maria Magdalena gibt es wahrscheinlich auch in deinem Leben einen Punkt, an dem du dich verraten und im Stich gelassen gefühlt hast. Es ist gut möglich, dass du irgendwo in dir mehr Energie auf dieses Gefühl des Verrats als auf die Kanalisierung deines inneren Guten verwendest. Gibt es etwas, was dich jetzt stört, oder etwas aus deiner Vergangenheit, das du nicht mehr brauchst? Gibst du deiner Vergangenheit Macht? Fügst du dem Verrat auch noch Wut hinzu und nährst dadurch beständig das Feuer?

➢ Bevor du weiterliest, denke einmal über die Bereiche in deinem Leben nach, in denen du dich verraten oder ungerecht behandelt gefühlt hast. Gibt es eine Möglichkeit, anders darüber zu denken? Kannst du die Situation heute in einem anderen Licht sehen? Kannst du dich dafür entscheiden, lieber etwas Gutes zu sehen oder dich auf eine leichtere Emotion zu fokussieren, um das karmische Muster, das geschaffen worden ist, zu entfernen?

➤ Gibt es Teile aus deiner Vergangenheit, die deiner Meinung nach nur durch ein Wunder aufzulösen sind? Schreibe in dein Tagebuch oder einfach auch nur auf einen Zettel alle vergangenen und gegenwärtigen Bereiche, in denen du Unterstützung empfangen möchtest.

➤ Hegst du immer noch Groll, wenn du über diese Themen nachdenkst, oder sind deine Gefühle mittlerweile leichter geworden? Schreibe deine Emotionen, Instinkte und Gefühle auf.

Wenn du damit fertig bist, sprich dieses Gebet:

»Göttliche Seele, Maria Magdalena,
danke, dass du dein rotes Licht enthüllst und es jetzt auf mich leuchten lässt.
Mit offenen Armen heiße ich deine Führung, deine Unterstützung und deinen Schutz willkommen, während ich diese heilige Reise unternehme.
Ich danke dir, dass du in der Höhle meines Herzens eine Flamme der Liebe entzündet hast, eine Flamme, die alle Gedanken und Erinnerungen an Angst, Wut und Sorgen reinigen und aufheben wird.
Wenn die Flamme hell brennt, kehre ich zur Liebe zurück und erinnere mich an meine Heiligkeit.
Danke, dass du mir geholfen hast zu sehen, dass ich Geist bin.
Danke, dass du mir geholfen hast, Liebe zu akzeptieren und Vergebung so wahrzunehmen, wie sie ist.
Willkommen in meinem Herzen, liebe Maria Magdalena, ich erlaube dieser Reise, sich zu entfalten.
Und so ist es.«

3
ENGEL DER VERGEBUNG

In dieser Dämmerwelt bewölkter Sorgen wissen wir kaum,
dass unsere verwirrten Augen weiße Flügel zum
Himmel aufsteigen sehen. Unbemerkt sind die Engel mit uns.

GERALD MASSEY, ENGLISCHER DICHTER

Millionen von Engeln kümmern sich nur um Vergebung. Diese wunderbaren Engel haben sich mir auf zahlreiche, unterschiedliche Arten gezeigt. Eine der denkwürdigsten Visionen war dabei ein über zwei Meter großes Wesen, das blaues Licht ausstrahlte und vier Flügel auf dem Rücken hatte.

Wenn wir die Engel der Vergebung in unserem Leben willkommen heißen, bekommen wir einen »Vergebungsengel« zugeteilt, der während unserer gesamten Reise hier auf Erden an unserer Seite bleibt. Diese Engelwesen wollen uns helfen, unsere einschränkenden Gedanken und Überzeugungen loszulassen, die zwischen uns und der Liebe stehen.

Wenn ich an Vergebungsengel denke, sehe ich im Geiste verschiedene Farben: die heilenden Strahlen von Grün, das Rubinrot der Loyalität, das Gelb von Antrieb und Freude, die Blautöne von Heilung und Kommunikation. Bei all diesen und vielen weiteren Dingen wollen uns Vergebungsengel helfen. Sie sind wundervoll heilende Wesen, die sich darum bemühen, dass wir vergeben können.

Bei einer Privatsitzung mit einer hübschen Frau Anfang 30 habe ich einmal einen zusätzlichen Engel bei ihr gesehen. Er trug ein wunderschönes goldenes Gewand. Es war ein männlicher Engel, mit blauen Augen, hohen Wangenknochen, einem kantigen Kinn und goldenem Aussehen – typisch engelhaft. Die Frau steckte voller Frustration und konnte sich selbst, anderen und sogar Gott nicht vergeben. Sie fühlte sich völlig hilflos und verloren. Jede Beziehung in ihrem Leben war gescheitert. Sie hatte Probleme mit ihren Eltern, ihre früheren Partner hatten sie betrogen, und jemand, dem sie vertraut hatte, hatte sich Geld von ihr geliehen und es nie mehr zurückgezahlt. In ihrem Job war sie unglücklich, und ihr Körper kam ihr nicht so vor wie das Heim ihrer Seele, sondern eher wie ein Gefängnis. Sie war am Ende, und ich war ihre letzte Hoffnung auf Hilfe.

Ich weiß noch, dass sie kurz vor dem Durchdrehen war, als wir gemeinsam alles, was geschehen war, Revue passieren ließen, und all ihre Wut, ihre Frustration und ihre verborgenen Gefühle an die Oberfläche stiegen. In diesem Moment trat der Engel mit dem goldenen Gewand vor und legte seine Flügel um sie. Sie begann zu weinen und sagte: »Ich spüre, wie Wärme in mir aufsteigt.«

»Ein wunderschöner Engel hat seine Flügel um dich gelegt«, sagte ich zu ihr. »Er will dir helfen und dich zum Glück führen.«

Ich wusste einfach, dass der Engel nur aus diesem Grund da war. Dieses instinktive Wissen ist ganz normal bei Engeln – sie setzen dir ihre Botschaften einfach in den Kopf. Ob du dich nun als Hellseher bezeichnest oder nicht, der Funke ihrer Existenz entzündet eine innere Achtsamkeit.

Als die Frau zu schluchzen begann und den Schmerz losließ, den sie seit Wochen, Monaten, ja sogar Jahren empfand, sah ich, dass sie wirklich Erleichterung empfand. Ich weiß noch, wie ich mit ihr in meinem Büro saß und ihre Hand hielt, als sie all ihre Wut und ihre Frustration losließ. Der Engel hatte sie mit seinen Flügeln umschlungen, die Engelkarten lagen vor uns, und ich sagte ihr, sie sei an einem sicheren Ort.

Schließlich atmete sie tief durch, und ich fragte sie: »Wohin gehst du von hier aus? Wohin wirst du instinktiv geführt?«

Was dann passierte, vergesse ich in meinem ganzen Leben nicht. Sie holte erneut tief Luft und sagte: »Ich bin bereit zu vergeben.«

In diesem Moment begann auch der Engel zu weinen. Es war so bewegend, diesen Engel aus reinem Licht Tränen der Freude weinen zu sehen. Er offenbarte mir, er sei ein Engel der Vergebung und sei schon die ganze Zeit bei dieser Frau gewesen, in vollem Vertrauen darauf, dass sie eines Tages bereit sein würde zu vergeben.

Die Engel der Vergebung können uns drängen oder uns sagen, was wir tun sollen, aber sie können uns voller Hoffnung und im Vertrauen darauf, dass wir letztendlich unser volles Potenzial erreichen, zur Seite stehen. Der Engel aus meiner Geschichte konnte nun seine heilige Mission beginnen, diese Frau zu der Freiheit zu führen, die Vergebung mit sich bringt. Du kannst die Engel der Vergebung in deinem Leben willkommen heißen, indem du einfach dieses affirmative Engel-Gebet sprichst: »*Danke, Engel, dass ihr mir helft, das Wunder der Vergebung zu verstehen.*«

Engel wollen uns immer helfen zu vergeben, weil sie wissen, dass sich unser ganzes Leben neu auf Liebe ausrichtet, wenn das geschieht.

Ich habe festgestellt, dass wir wieder völlig unschuldig werden, wenn wir vergeben – es ist, als würden wir wieder Kinder und könnten die Wunder des Lebens noch einmal sehen. Vor allem, wenn du selber Kinder hast, wirst du wissen, wie schnell diese kleinen Lehrer bereit sind, zu vergeben und die Situation so anzunehmen, wie sie ist.

Wenn wir älter werden, lernen wir natürlich, Groll und Schmerz zu hegen, aber meiner Meinung nach ist das völlig unnormal. Vergebung sollte unsere zweite Natur sein, eine automatische Reaktion, weil sie uns von einer Last befreit.

Einmal, bei einem Engel-Kongress in Basel, habe ich für eine kleine Gruppe einen eintägigen Workshop über Vergebung angeboten. Wir waren etwa 30 Personen, und es war ein wunderschöner Nachmittag. Ich sagte den Teilnehmern, die sich ja bewusst für einen Workshop über Vergebung entschieden hatten, dass die Engel der Vergebung nahe bei uns seien und jedem ein Zeichen für ihre Anwesenheit geben würden. Eine Woche darauf erhielt ich diesen Brief von Romy, die im Workshop gewesen war.

Lieber Kyle,

ich möchte dir gerne etwas erzählen, was kurz nach deinem wundervollen »Vergebungs-Workshop« in Basel passiert ist.

Nur einen Tag danach spielte ich im Bett mit meinem dritten Kind, Valentin, der zweieinhalb ist. Plötzlich nahm er mein Notizbuch aus dem Workshop, das auf meinem Bett lag. Es war so gut wie leer, da ich die meisten Informationen in meinem Herzen bewahrt hatte. Mein Sohn sagte in sehr bestimmtem Tonfall: »Mami, ich lese dir jetzt vor!« Er schlug das Notizbuch auf und tat so, als würde er mir vorlesen. Er zeigte auf die leeren weißen Seiten und sagte auf Schwyzerdütsch: »Ängeli, Ängeli, Ängeli …«. Das bedeutet »Engel, Engel, Engel«.

Ich war so verblüfft, aber auch glücklich und dankbar zugleich. Ich hatte ihm nie zuvor von Engeln erzählt. Meine Verbindungen zu den Engeln behielt ich immer für mich, aber jetzt weiß ich, dass es Zeit ist, meine Wahrheit zu teilen, und dass ich auf meinem göttlichen Weg bin. Danke.

Alles Liebe,

Romy.

Die Engel hören niemals auf, mich zu faszinieren. Diese mächtigen Wesen warten nur auf eine Gelegenheit, uns an ihre wundervolle Präsenz zu erinnern. In diesem Fall wurde Romys Sohn ein »unbewusst bewusster« Bote für sie und erinnerte sie daran, dass ihre Reise der Vergebung mit den Engeln wirklich begann und sie in ihrem Leben real und präsent waren. Sie wird jetzt wohl diesem Weg mit unerschütterlichem Vertrauen folgen, dank dieser wunderbaren heiligen Begegnung.

Mein eigener Vergebungsengel kam während meines Reiki-Meister-Kurses am 13. Januar 2013 zu mir. Der Kurs fand im Haus von Roisin, meiner Reiki-Meisterin, in Drymen in der Nähe von Loch Lomond, eine halbe Stunde von Glasgow entfernt, statt. Als sie mich in den Meister-Grad dieser wundervollen, kraftvollen Heilungstechnik einwies, sah ich einen hellblauen Engel, mit einem Gesicht aus Sternen wie am Nachthimmel, auf mich zukommen. Er war wunderschön und nicht von dieser Welt. In Gedanken hörte ich den Namen »Joel« und sah ihn ausgeschrieben vor mir.

Ich erzählte Roisin von dem neuen Engel, dem ich während der Erfahrung begegnet war, und es stellte sich heraus, dass sie die ganze Zeit das Gefühl gehabt hatte, dass Engel um uns herum waren.

Joel kam damals zu mir, weil ich bereit war, noch mehr ins Licht zu gehen und die Emotionen, Gedanken und Herausforderungen der Vergangenheit hinter mir zu lassen.

Als ich den Namen »Joel« nachschaute, stellte ich fest, dass es ein hebräischer Name war, der interpretiert werden konnte als »Der Herr ist Gott«. Das passt doch gut, oder?

Seit dieser Erfahrung habe ich meine Beziehung zu diesem Engel durch meine tägliche Vergebungspraxis entwickelt.

Fühle die Schwingung!

Um deinen Vergebungsengel zu erleben ist es immer am besten, deine spirituelle Verbindung zu stärken und deine Schwingungen zu erhöhen. Ja, ich weiß, das klingt ein bisschen verrückt, aber ich kann es dir erklären.

Alles im gesamten Universum ist Energie, die in der einen oder anderen Frequenz schwingt. Wir alle haben diese Frequenzen schon einmal gefühlt – wir haben sie wahrscheinlich nur als »negative« oder »positive« Schwingungen bezeichnet.

Du hast doch zum Beispiel bestimmt schon mal einen Raum betreten und das Gefühl gehabt, die Atmosphäre mit dem Messer schneiden zu können. Und du weißt auch, wie es ist, wenn jemand schlechte Laune oder einen Wutanfall hat. Das sind perfekte Beispiele für »niedrige Frequenz«.

Jetzt wollen wir einmal vom Gegenteil sprechen. Du weißt, wie es ist, sich glücklich zu fühlen oder dankbar für ein Geschenk in deinem Leben zu sein. Du kennst das Gefühl, das dich überkommt, wenn du an jemanden denkst, den du liebst, oder wenn du dich an glückliche Zeiten in deiner Kindheit erinnerst. Du weißt, wie es sich anfühlt, wenn du so glücklich bist, dass du weinen möchtest. Das sind perfekte Beispiele für »hohe Schwingungen«. Engel bestehen aus hoch schwingender Energie.

Um eine Beziehung mit deinen Engeln und vor allem deinem Vergebungsengel zu entwickeln, musst du lernen, dich mit ihnen zu verbinden. Dazu musst du dein Energielevel anheben.

Ritual zur Hebung von Energie

- Denke an etwas in deinem Leben, für das du dankbar bist.
- Lächle, spüre die Wärme der glücklichen Gedanken.
- Denke an geliebte Menschen, die dir das Gefühl geben, gesegnet zu sein.
- Jetzt stelle dir vor, du bist in goldenes Licht eingehüllt.
- Sage im Geiste: »Ich bin eingehüllt in goldene Energie!«
- Stelle dir vor, dass um dich herum Engel sind.
- Sieh links und rechts von dir einen Engel.
- Fühle Engel hinter dir, die dich beschützen.
- Höre das Flattern der Engelsflügel, während sie über dir schweben.
- Dann sage: »Danke, Engel, dass ihr zu mir gekommen seid und mich an eure Anwesenheit erinnert habt.«
- Hole tief Luft und vertraue darauf, dass deine Engel nah sind.

Mit Engeln zusammen sein

Es dauert eine Zeitlang, bis du wirklich eine tiefe Verbindung mit Engeln hast, und manche Menschen haben das Glück, ihre Anwesenheit stärker als andere zu spüren. Ich glaube wirklich, dass es an deiner Hingabe und Offenheit liegt, wenn du Engel erlebst. Deine Intuition und deine spirituellen Sinne sind wie Muskeln, die du nicht immer benutzt oder vielleicht sogar noch nie benutzt hast. Du weißt ja, wie es sich anfühlt, wenn du eine Zeitlang keinen Sport gemacht hast – schwierig, oder? Das Gleiche gilt für deine Begegnungen mit deinen spirituellen Führern und Engeln, also solltest du dir ins Gedächtnis rufen, dass diese Dinge Zeit brauchen, bevor du weitere Schritte unternimmst. Vor allem musst du dich selbst lieben, wenn du deine Engel erforschst. Wenn du also das Gefühl hast, keine Fortschritte zu machen, und dich unter Druck setzt, indem du denkst, nicht so begabt wie andere zu sein, hör auf. Nimm dir Zeit, dich selbst zu lieben, und denke daran, dass diese Muskeln eben Zeit brauchen, um zu wachsen.

Ich glaube, wir kennen unsere Engel schon, und wenn wir beschließen, Kontakt zu ihnen aufzunehmen, ist es im Wesentlichen ein Erinnerungsprozess. Sich die Zeit nehmen, um in die Erfahrung hinein zu atmen und zu entspannen, ist das größte Geschenk, das wir uns selbst machen können.

Hier ist eine Meditation für dich. Wenn du alleine meditierst, habe ich einen Tipp für dich: Nimm sie auf! Dann brauchst du nicht immer die Augen aufzumachen, um dir den nächsten Schritt anzuschauen. Die meisten von uns können mit ihrem Handy aufnehmen. Wenn ich mich selbst durch eine Meditation führen muss, rede ich mich durch die einzelnen Schritte in einen Zustand tiefer, meditativer Freude. Bist du bereit, das Gleiche zu tun?

Begegnung mit deinem Vergebungsengel

Wenn du deinem Vergebungsengel begegnen willst, dann gibt es wirklich keinen falschen Weg. Wenn du nur meditierst und auf deine eigene kleine Reise gehst, besteht die große Chance, dass dein Engelfreund auftaucht, wenn du ihn einlädst. Wenn du ein paar Hinweise brauchst, findest du hier meine Schritte, deinem Vergebungsengel zu begegnen.

- ➢ Räume um dich herum auf. Wenn du dich beim Meditieren leicht ablenken lässt, entferne alle potenziellen Ablenkungen aus deiner Nähe.
- ➢ Sorge dafür, dass das Zimmer die richtige Temperatur hat, und entscheide dich, wo du während der Übung sitzen willst.
- ➢ Zünde Kerzen an, um den Raum vorzubereiten, und umgib dich mit Objekten, die dir ein liebevolles, spirituelles Gefühl ver-

mitteln – vielleicht das Foto eines geliebten Menschen, einige Kristalle und dein Engelkarten-Deck, wenn du eines hast.

➢ Bevor du die Augen schließt, bitte mit diesem Gebet um Schutz: »*Danke, universelle Lebenskraft und Engel, dass ihr mich und diesen Raum mit dem Licht von bedingungsloser Liebe und Schutz umgebt. Danke, dass ihr euch um die gesamte Erfahrung und das, was ich daraus lerne, kümmert.*«

➢ Schließe deine Augen und konzentriere dich auf deinen Atem. Lege die Hände auf deinen Bauch, um den Rhythmus deines Atems zu spüren und dich mit deinem Körper zu verbinden.

➢ Affirmiere im Inneren: »Ich bin sicher! Und diese Erfahrung ist ebenfalls sicher.«

➢ Stelle dir mit geschlossenen Augen vor, dass du in einem schönen, lichterfüllten Raum bist. Du kommst dir vor wie in einer Höhle voller Licht und fühlst dich so geliebt.

➢ Mitten in diesem Raum wartet dein Engel der Vergebung auf dich.

➢ Mit deinem geistigen Auge erblickst du diesen Engel. Erscheint er dir als Mann, als Frau oder als geschlechtsloses Wesen? Kannst du seine Stimme hören? Spricht er mit dir? Sagt er dir seinen Namen? Erkennst du ihn? Erinnerst du dich an ihn?

➢ Du weißt, dass du dich in der Höhle deines eigenen Herzens befindest und durch die Anwesenheit deines Vergebungsengels gesegnet wirst.

➢ Danke deinem Vergebungsengel dafür, dass er dir seinen Namen und seine Identität preisgegeben hat (auch wenn er es bis jetzt noch nicht getan hat). Danke ihm dafür, dass er dir alles sagt, was du wissen musst.

➢ Verbringe einige Zeit in diesem Raum. Vertraue den Gesprächen, die du mit diesem Wesen führst. Vertraue den Gefühlen, die durch deinen Körper gehen, und sei gewiss, dass du zur Erinnerung an das Licht, das du bist, geführt wirst.

➢ Wenn du das Gefühl hast, deinen Engel erkannt zu haben, danke ihm, weil er dir Hinweise auf seine Anwesenheit gesandt hat, und umarme ihn. Sei gewiss, dass er immer in der Höhle deines Herzens wartet.

> Kehre in deinen Körper zurück und werde dir bewusst, dass du
> dort sitzt, wo du angefangen hast. Bewege deine Finger und
> Zehen, streck deine Gelenke und recke dich, bevor du die Augen
> öffnest und wieder ins Zimmer zurückkehrst.

Erzengel Jeremiel

Erzengel sind die Manager im Himmel. Sie überwachen die Schutzengel und sorgen dafür, dass sie ihre Pflichten erfüllen (was sie natürlich tun). Diese wundervollen Wesen sind mächtige und friedliche
Krieger, die uns mit ihrem Licht unterstützen. Wahrscheinlich gibt es
Tausende von Erzengeln, nur sind manche besser bekannt als andere.
Ein besonderer Erzengel, den ich oft anrufe, ist Erzengel Jeremiel. In
meinen Augen ist er der Erzengel der Vergebung.

Ich nenne Jeremiel den »Wunderwirker«, weil er uns helfen kann
zu verstehen, warum Vergebung sinnvoll ist, und wie wir Vergebung
möglich machen können. In meinen Visionen sehe ich ihn umgeben
von reinem goldenen und orangefarbenen Licht. Engel zeigen sich
uns immer auf eine Art, die wir verstehen, und ich sehe Jeremiel als
großen schlanken Engel mit goldener Haut und goldenen schulter-
langen Haaren, so wie der Vergebungsengel, den ich zuvor beschrieben habe. Seine Augen sind tiefblau, und er trägt einen Umhang von
Weisheit. In der Hand hält er eine Fackel, die das Licht von Gottes
Gnade auf jede Situation leuchten lässt, die Vergebung erfordert. Du
siehst sein Bild auf der Umschlaginnenseite.

»Jeremiel« ist hebräisch und bedeutet »Gnade Gottes«, und
Erzengel Jeremiel ist die Verkörperung von Gottes Gnade. Das Wort
»Gnade« ist mächtig, weil es Mitgefühl und Vergebung repräsentiert.
Wenn es zu einer herausfordernden Situation im Leben kommt, in
der Vergebung erforderlich ist, hast du die Wahl, ob du gnädig
sein oder strafen willst. Gnade ist der höhere Weg; es ist die Wahl
der Liebe, nicht nur, weil sie jemandem Vergebung schenkt, sondern
auch, weil du die giftigen Gedanken und den Groll, der deinem
Inneren schaden kann, loslässt, wenn du dich für Gnade entscheidest.

Ich hatte kürzlich eine Privatsitzung mit einer Klientin, die in einer schwierigen Beziehung steckte. Lauren hatte ihren Partner so oft hinausgeworfen, dass sie es schon nicht mehr zählen konnte. Nach kurzem Nachdenken hatte sie sich immer wieder dafür entschieden, ihn wieder »ein letztes Mal« aufzunehmen, aber sie ließ ihn dafür immer nur büßen. Der kleinste Fehler, den er in der Vergangenheit gemacht hatte, und jedes triviale Problem in der Gegenwart wurden bestraft. Lauren schrie ihn an und wurde ungeheuer wütend. Sie wusste nicht mehr, wie ihre Beziehung weitergehen sollte – aber sie wusste auch nicht, wie ihr Leben weitergehen sollte.

Als ich die Engel ins Zimmer einlud, damit sie dabei halfen, diese Situation zu heilen, wurde mir mitgeteilt, dass Erzengel Jeremiel Lauren eine Botschaft überbringen wolle. Als ihr Schutzengel beiseitetrat, um den allmächtigen goldenen Erzengel hinter sie treten zu lassen, sagte sie zu mir: »Mir stehen alle Haare zu Berge!« Ich sah ein Licht kompletter Heilung über sie gleiten. Es war prachtvoll.

Dieser klaren und deutlichen Botschaft folgte: »Es ist an der Zeit, dass du aufhörst, dich selbst zu bestrafen. Immer, wenn du deinen Partner verletzt, verletzt du dich selbst. In deiner Beziehung ist Liebe, aber du kannst sie nicht sehen, weil du dich auf den Schmerz konzentrierst.«

Als ich die Botschaft in meinen Worten an Lauren übermittelte, begann sie zu weinen, weil ihr klar wurde, dass es ihr ebenso viel Schmerz und Kummer bereitete wie ihrem Partner, wenn sie ihm seine Fehler aus der Vergangenheit vorhielt. Sie sagte: »Ich muss ihm einfach sagen, wie dankbar ich bin, dass wir so viele glückliche Erinnerungen haben. Ich habe mich nur auf diese kurzen Ausreißer in unserer Beziehung konzentriert.«

Wir beteten gemeinsam zu Jeremiel und dankten ihm, weil er seine Welle des Lichts in Laurens Leben geschickt hatte. Im Gebet gaben wir Jeremiel Erlaubnis, den Weg zum Frieden zu erleuchten, und Lauren dabei zu helfen, dass sie verstand, was es wirklich bedeutete, in ihrer Beziehung zu vergeben.

Möglicherweise ist es für viele von uns leichter, wenn wir uns auf die Vergangenheit konzentrieren, vor allem auf die Probleme, denen wir im Laufe unseres Lebens begegnet sind, statt das zu sehen, für das wir jetzt dankbar sein sollten, aber laut *Ein Kurs in Wundern* ist das nicht unsere wahre Natur. Unser wahres Selbst ist immer Liebe, und sobald wir unser Augenmerk auf den Schmerz einer Situation richten, sind wir falsch abgebogen – wir sind vom Weg unseres wahren Selbst und den Geschenken, die der gegenwärtige Moment bietet, abgekommen.

Ein paar Wochen später schickte Lauren mir eine E-Mail, in der sie schrieb, dass ihre Beziehung sich völlig gewandelt habe. Sie hatte ein tiefes, liebevolles Gespräch mit ihrem Partner geführt, und beiden war klargeworden, dass sie ihre vergangenen Fehltritte nur vergessen und gemeinsam nach vorne gehen mussten.

Wie sein Name sagt, ist Jeremiel »die Gnade Gottes«, und er kann Mitgefühl und Vergebung in uns entzünden. Er kann uns helfen, uns in einem besseren Licht zu sehen und unsere vergangenen Ängste in gegenwärtige Liebe zu verwandeln.

So wie die anderen Erzengel kann auch Jeremiel bei uns allen zugleich sein. Er ist nicht durch Raum und Zeit beschränkt – seine Energie ist allgegenwärtig und kommt zu jedem, der ihn anruft. Wenn es um Vergebung geht, habe ich ihn schon vielen Menschen helfen sehen.

So viele von uns versuchen zu vergeben, können aber nicht vergessen. Auch Erzengel Jeremiel kann uns nicht helfen, eine Situation zu vergessen, aber er kann uns helfen, den Schmerz zu vergessen. Durch die Lehren dieses wundervollen Erzengels habe ich gelernt, dass wir immer ganz sind. Auch wenn wir uns vielleicht verletzt, im Stich gelassen und kaputt fühlen, sind wir es in Wahrheit nicht. Unsere Seele bleibt immer absolut ganz – wir müssen unserem physischen Selbst nur erlauben, das zu akzeptieren.

Immer wenn ich Jeremiel angerufen habe, hat er mir geholfen, meinen Weg nach vorne zu sehen. Kürzlich zum Beispiel war ich echt niedergeschlagen wegen einer Situation mit einem alten Freund. Ständig dachte ich nur an all die negativen Dinge in unserer Freundschaft. Als ich die Energie von Jeremiel anrief, sagte eine ruhige Stimme in meinem Kopf: »Es ist an der Zeit, Liebe zu schicken.« Das gab mir die

Inspiration, die ich brauchte, um meine Gedanken zu ändern. Jeremiel hilft immer, uns daran zu erinnern, dass Liebe die Antwort ist.

Jeremiel anrufen

Erzengel Jeremiel kann dir dabei helfen, ein Wunderwirker zu werden. In meinen Augen ist ein Wunderwirker jemand, der die Grundlage seiner Gedanken und Taten von Angst zu Liebe und Akzeptanz verändert.

Jeremiel hilft dir auch, deine spirituelle Unschuld zu akzeptieren. Obwohl es vielleicht Dinge gibt, die du rückblickend gerne verändern oder heilen möchtest, ist der einzige Weg nach vorne, deine Ganzheit zu akzeptieren und die gleiche Ganzheit in anderen anzuerkennen. (Im nächsten Kapitel werden wir dieses Thema noch vertiefen.)

➢ Du kannst Erzengel Jeremiel auf viele verschiedene Weisen anrufen, aber das Tolle an diesem Buch ist, dass du ihn auf der Umschlaginnenseite findest. Das kannst du als Meditations-Tool benutzen, um ihn willkommen zu heißen.

➢ Alternativ kannst du auch mit offenen Augen diesen Worten folgen: »Ich bin sicher und geschützt.
Ein goldenes Licht des Himmels überflutet mein ganzes Sein.
Jetzt öffne ich mein Herz und heiße die himmlischen Gaben von Erzengel Jeremiel willkommen.
Der Erzengel Jeremiel steht vor mir mit seiner Leuchtfackel.
Ich leiste keinen Widerstand, während Jeremiel in meine Energie eindringt. Ich öffne mich und heiße sein Licht in mir willkommen.«

Du kannst es auch mit diesem Gebet versuchen:

»Danke, Erzengel Jeremiel, dass du zu mir gekommen bist und dich mir auf verständliche Weise zeigst, ob mit körperlichen Zeichen oder feinsinnigen Hinweisen. Ich heiße jetzt deine Führung und deine Unterstützung willkommen und erlaube mir, Vergebung voll und

ganz anzunehmen und zu verstehen. Ich weiß, dass ich mit deiner Hilfe Vergebung wahrnehmen und dieses Geschenk täglich mir und anderen machen kann.

Ich lasse jetzt allen Widerstand und alle Angst zurück. Ich gebe alles ab, was ich nicht mehr brauche und reiße die Mauern um mein Herz ein, damit sich meine innere Wahrheit zeigt. In mir leuchtet ein reines Licht, und ich weiß, Jeremiel, dass du es sehen kannst. Danke, dass du meine spirituelle Wahrheit siehst, und danke, dass du mir die Illusionen nimmst, damit auch ich sie sehen kann. Danke, dass du mir zeigst, wie und wem ich vergeben muss, und danke, dass du mir hilfst zu sehen, dass auch mir vergeben wurde.

Ich akzeptiere meine spirituelle Unschuld, und von diesem Zeitpunkt an will ich immer daran denken, dass Vergebung ein natürlicher Teil meiner spirituellen Identität ist. Ich gehe jetzt durch die Türen der Freiheit, mit dir an meiner Seite, als Freund und Wegweiser.

Ich vergebe und mir wird vergeben.

Und so ist es!«

➤ Nach der Anrufung oder dem Gebet siehst du das Licht Jeremiels über dich, dein Leben und über jeden, der es deinem Gefühl nach braucht, gleiten. Sieh, wie es sich über deine Vergangenheit, deine Gegenwart und Zukunft ausbreitet.

Die Anrufung ist vollendet.

4
DIE SÜNDE
IST NICHT REAL

Das ist die Art, wie Erlösung wirkt. Während du zurücktrittst,
tritt das Licht in dir hervor und umfasst die Welt.

EIN KURS IN WUNDERN, Lektion 156

Nun, da du weißt, dass Maria Magdalena dir als Führung und Beweis
für Vergebung zur Seite steht, Erzengel Jeremiel dir auf dem Weg zur
Vergebung hilft, und dein persönlicher Vergebungsengel für Wunder
in deinem Leben sorgt, ist es an der Zeit, mit dieser Reise fortzufahren.

Eine der grundlegendsten Herausforderungen bei Vergebung, vor
allem wenn du dir selbst vergibst, ist es, Schuld loszulassen. Die Stimme der Schuld ist fordernd, und wir alle haben sie schon vernommen.
Wenn wir einen Fehler gemacht oder etwas getan haben, das wir später am liebsten wieder rückgängig gemacht hätten, dann hören wir
diese mächtige Stimme und würden uns am liebsten verkriechen. Wir
sind angespannt und schämen uns für uns selbst. Sie gibt uns das Gefühl, allein zu sein.

Verletzlichkeit

Damit ich dir bei deinen Schuldgefühlen helfen kann, muss ich natürlich erst einmal in meinem eigenen Leben Ordnung schaffen und
mich in den verletzlichen Raum begebe, in dem sich viele von euch

befinden. Ich finde Verletzlichkeit ja cool. Es ist gut, wenn du dein wahres Ich zeigst, weil du dann viel näher daran bist, dich zu lieben, als wenn du selbstsicher tust und dich dabei nur hinter irgendetwas versteckst.

Also, ich muss sagen, ich habe die Stimme des Schuldgefühls gehört, wenn ich etwas Unangebrachtes oder Verletzendes zu anderen gesagt habe, und auch, wenn ich etwas nicht getan habe, obwohl ich es hätte tun sollen, wie zum Beispiel meine Yoga-Übungen. Manchmal fallen mir die blödesten Situationen ein, und ich bin dann verlegen und schuldbewusst.

Eine meiner größten Herausforderungen war meine Beziehung zu Essen und meinem Körper. Als Kind habe ich eine Zeitlang in einem Kinderkrankenhaus verbracht und im Rollstuhl gesessen, weil ich einen Virus hatte, der mich lähmte. Ich weiß noch, dass mir in jener Zeit das Essen nicht schmeckte, vor allem das Krankenhausessen nicht. Als es mir jedoch wieder besser ging, änderte sich auch mein Verhältnis zum Essen, und ich wurde ein sportliches, gesundes Kind.

Als meine Eltern sich scheiden ließen, zog ich von Port Glasgow nach Greenrock und musste auf eine andere Schule. Ich brauchte nur ein paar Tage, um auf meiner neuen Schule Freunde zu finden, und es war gar nicht mal so schlimm. Allerdings bin ich nie besonders gern zur Schule gegangen, und mein kleines altes Selbst beklagte sich immer: »Warum muss ich das überhaupt lernen?« oder »Ich will hier nicht sein!«

Ich hatte immer das Gefühl, nicht wirklich dazuzugehören. Ich war ein Träumer und konnte ganze Nachmittage in die Gegend starren, sehr zum Unmut meiner Lehrer. Als ich älter wurde, wurde ich dermaßen übersensibel, dass ich es mir schon zu Herzen nahm, wenn mir jemand nur einen Streich spielte oder mich neckte. Über die Kommentare und Scherze meiner Freunde konnte ich mich maßlos aufregen.

Wenn ich niedergeschlagen war oder übersensibel reagierte, wusste ich nicht, wie ich das Gefühl loswerden sollte – bis ich mit etwa zehn Jahren auf einmal entdeckte, dass ich, wenn ich zu viel aß, nicht so viel fühlte. Wenn ich immer weiter aß, spielten die Neckereien der anderen Kinder und sogar die Strenge der Lehrer keine Rolle mehr.

Dies führte zu einer gewaltigen Spirale in meinem Leben, und bald schon war aus dem langbeinigen, dünnen kleinen Kyle ein pummeliges Kind geworden, das seinen Körper hasste.

Als ich schließlich zur Spiritualität fand, beschloss ich, Vegetarier zu werden. Ich fand, es sei wichtig für mein Wachstum, weil ich mich nicht schuldig fühlen wollte, wenn ich Tiere oder die toten Körper anderer Wesen aß. Das war in Ordnung, aber mein Verhältnis zum Essen war immer noch nicht gut. Ich war zwar Vegetarier, aber nicht besonders gesund. Ich aß zwar kein Fleisch, aber ich nahm Unmengen schwerer, fettiger Kohlehydrate zu mir, und ehe ich mich versah, war ich übergewichtig. Mein Gewicht ging rauf und runter wie ein Jo-Jo, und dabei versuchte ich mit allen Mitteln abzunehmen – Diät, Tees, CD-Programme, persönliche Ernährungsberater und mehr. Jahrelang ging das so! Jedes Mal, wenn es besser wurde, wurde ich wieder rückfällig und aß sogar noch mehr als vorher. Ich fühlte mich schuldig, weil ich zu viel aß, und ich fühlte mich schuldig, weil ich mir übergewichtig vorkam. Wenn ich Schuldgefühle hatte, aß ich, und wenn ich mich dick fühlte, aß ich sogar noch mehr – es war ein regelrechter Teufelskreis.

Obwohl das so war, arbeiteten die Engel immer noch mit mir und durch mich – sie sahen mich nicht in dem monströsen Licht, in dem ich mich selber sah, und ich wusste, dass sie mich liebten, auch wenn ich es echt schwierig fand, mich zu lieben.

Als mein erstes Buch veröffentlicht wurde und ich mich selbst in der Zeitung, im Fernsehen und auf Fotos sah, wurde mir klar, dass mein Körper das, was ich lehrte, nicht widerspiegelte. Ich sagte den Leuten, sie sollten sich selbst lieben und sich vergeben, und obwohl ich wusste, dass das stimmte, fühlte sich ein Teil von mir wie ein Betrüger, weil ich mich auch nicht ganz selbst liebte.

Wieder einmal war es meine Mutter, die mich rettete! Sie begann mit einem neuen Plan für gesunde Ernährung, weil auch sie einen Punkt erreicht hatte, an dem sie sich in ihrem Körper nicht mehr wohl fühlte. Nachdem sie mit mir auf meiner ersten »I Can Do It«-Konferenz gewesen war, hatte sie beschlossen, sie müsse auch körperlich die Liebe widerspiegeln, von der wir allen erzählt hatten. Also meldete sie sich bei Slimming World an.

Zuerst war ich skeptisch. Ich dachte, für mich würde das nie funktionieren. »Komm, versuch es doch einfach«, sagte sie. »Es ist toll – du kannst Unmengen essen, und es ist ganz normales Essen.« Ich glaubte ihr lieber mal nicht.

Nach ihrer ersten Woche im Club hatte sie drei Pfund verloren und schwärmte nur noch von ihrem neuen Ernährungsplan. Erneut versuchte sie mich zu ermuntern und sagte mir, dass ich es lieben würde.

»Wenn die Engel mir ein Zeichen geben, dass es für mich auch das Richtige ist, dann mache ich es«, erwiderte ich.

Ich ging in mein Zimmer und sagte im Geiste zu den Engeln: »Danke, Engel, dass ihr mir ein Zeichen schickt, um mir zu zeigen, dass dies der richtige Ernährungsplan für mich ist.«

An diesem Wochenende war in Glasgow Internationaler Engeltag, ein Ereignis, das ich jedes Jahr mit meiner Freundin Diane veranstaltete. Wir sponsern eine lokale Kinderhilfsorganisation, und die Veranstaltung kommt immer gut an.

An jenem Tag kamen über 200 Leute. Mum stand an der Tür und wies die Leute zu ihren Plätzen, während ich den Losverkauf organisierte. Ich wollte gerade das Nachmittagsprogramm eröffnen, als meine Mutter mich zu sich winkte.

»Siehst du die Dame da in der ersten Reihe, mit den schwarzen Haaren und der roten Bluse?«, sagte sie zu mir.

»Ja, warum?«, erwiderte ich.

»Sie leitet meine Gruppe bei Slimming World. Ich wusste gar nicht, dass sie Interesse an Engeln hat!«

Konnte es noch ein klareres Zeichen geben? An jenem Tag auf dem Engel-Event beschloss ich, mich auf die Reise einzulassen, meinen Körper zu lieben und mich selbst zu akzeptieren.

Eine Woche später ging ich mit meiner Mum in den Slimming World-Kurs und wurde gewogen. Ich war viel schwerer, als ich gedacht hatte, aber ich beschloss, die Reise anzutreten. Es war eine große Motivation für meine Mum und mich, dass wir gemeinsam dort waren. Wir kauften herzförmige Teller, neues Besteck und begannen, uns nach dem Plan zu ernähren. (Ich hielt mich an die vegetarische Version.) Und Woche für Woche wurde mein Gewicht weniger.

Ich fragte die Engel: »Was könnte denn mein Wachstum zu Gewichtsverlust noch unterstützen?«

Sie antworteten mir: »Fühle dich sicher und mache Yoga.«

Das ergab tatsächlich einen Sinn. Ich wusste, dass ich mich sicher fühlen musste. Mein Körper hatte einen mächtigen Bauchschild um mich herum aufgebaut, weil ich nicht wirklich gesehen werden wollte, und ich wollte verhindern, dass jemand meine Sensibilität ausnutzte. Ich wusste zwar nicht genau, wie ich es angehen sollte, mich sicher zu fühlen, aber ich konnte Yoga praktizieren. Ich war bisher einmal in der Woche im Yoga-Kurs gewesen, und jetzt ging ich vier oder fünf Mal in der Woche.

Innerhalb weniger Monate hatte ich 30 Pfund abgenommen und beschloss, das nächste Yoga-Level zu erreichen. Ich meldete mich zu einer Yogalehrer-Ausbildung an. Zufällig geriet ich an eine Ausbildung für Ashtanga-Yoga, von dem ich nicht den blassesten Schimmer hatte.

Am ersten Tag im Yoga-Training stellte ich zuerst einmal fest, dass ich der Dickste im Kurs war. Das zweite, was mir auffiel, war, dass ich abgesehen vom Lehrer der einzige Mann war.

Das Training begann um sechs Uhr morgens, mit einer Übung, mit der der Lehrer feststellen konnte, wie weit wir in unserer Yoga-Praxis waren. Für mich war es ein Schock. Er redete Sanskrit, und er war ein harter Bursche. Was ich für ein Workout hielt, war für ihn nur eine Aufwärmübung, und was ich für Yoga hielt, war es keineswegs. Die übrigen im Kurs machten die schwierigsten Bewegungen, standen auf ihren Händen und ihrem Kopf, und bei mir meldete sich die Stimme der Angst, des Schuldgefühls, des Dickseins und des nicht Fitseins. Ich hätte am liebsten geweint.

Den ganzen Tag über hatte ich das Gefühl, nicht dazuzugehören, und das war, vorsichtig ausgedrückt, ziemlich beängstigend. Mit emotionalen und physischen Schmerzen ging ich in mein Hotel zurück und fragte mich, warum ich mich überhaupt in dem Kurs angemeldet hatte. Und warum hatte ich diesen Yoga-Stil gewählt? Ashtanga ist eine der körperlichsten Formen von Yoga, die es überhaupt gibt. Du musst nicht nur biegsam sein, sondern auch einen starken Körper und eine starke Körpermitte haben. Was hatte ich mir bloß gedacht?

Ich begann zu schluchzen. Ich wollte mich doch nur sicher in meinem Körper fühlen, und da saß ich nun in einem Hotel wegen eines Kurses, in den ich überhaupt nicht hineinpasste…

Wandel

Nachdem ich eine Zeitlang auf der Couch gelegen und nachgedacht hatte, rief ich (wie üblich) meine Mum an, und sie sagte mir, ich solle »durchhalten«, und »am Ende würde es sich lohnen«. Sie hatte natürlich recht. Aber mir fehlte die Kraft. Ich konnte nicht einmal die Hälfte aller Bewegungen durchführen, und obwohl ich mich für biegsam gehalten hatte, war ich in diesem Kurs steif wie ein Brett.

Ich fuhr nach Hause, setzte mich in Meditationsposition auf den Fußboden und rief meine Engel an. Warum hatte ich solche Schuldgefühle wegen meines Körpers – wegen seiner Form, seiner Größe und Geschmeidigkeit? Ich wollte mich doch verändern, aber zugleich hatte ich solche Angst davor, dass es mir einfacher schien aufzugeben.

Eine einfache Botschaft kam mir in den Sinn: »Liebe dich selbst genug, um dich zu verändern.«

Genau das musste ich hören! Mir wurde klar, dass Schuldgefühle und Frustration mir nicht helfen würden, mich zu verändern. Ich musste selber den ersten Schritt machen, um mich zu lieben und um die gesamte Situation zu lieben. Ich musste meine Realität so verschieben, dass ich vergeben konnte, und dazu brauchte ich ein offenes Herz. Ich wollte niemandem und nichts die Schuld daran geben, wie ich mich in meinem Körper fühlte – mein Verhältnis zum Essen war nun mal so, wie es war, weil ich es zu der Zeit nicht anders kannte, aber jetzt war ich auf dem Weg der Besserung.

Ich dachte an das Zitat aus *Ein Kurs in Wundern:* »Vergebung ist eine irdische Form von Liebe.« (Lektion 186)

Ich war bereit, meinem Körper zu vergeben, und ich war bereit, mich so sehr zu lieben, dass ich mich änderte. Es ging nicht darum, was gewesen war, und wie ich sein würde. Ich war bereit, mir hier und jetzt zu vergeben, und ich würde es auf liebevolle Art und Weise tun.

Also hielt ich mich weiterhin an mein gesundes vegetarisches Essen und fügte meiner täglichen spirituellen Praxis Yoga und Affirmationen hinzu, die mir ein liebevolles Gefühl für meinen Körper gaben. Ich praktizierte die Ashtanga-Hauptsequenz, so gut ich konnte, und wenn ich danach auf meiner Matte lag, legte ich die Hände auf meinen Bauch und sagte Sätze wie:

»Nirgendwo ist es sicherer als in meinem Körper!«
»Ich liebe mich und vergebe mir.«
»Ich vergebe und mir wird vergeben.«
»Mein Körper kehrt jetzt zu seinem natürlichen Gesundheitszustand zurück.«
»Es fühlt sich so gut an, gesund und glücklich zu sein!
Mir geht es gut!«

Die Veränderung in den folgenden Monaten war herausragend. Ich verlor weitere 30 Pfund, sodass ich zu diesem Zeitpunkt insgesamt 65 Pfund abgenommen hatte, und ich fühlte mich absolut großartig.

Das klingt jetzt vielleicht wie das Ende der Geschichte, aber ab und zu höre ich immer noch die Stimme meines inneren Zweifels, die Stimme, die mir gerne sagt, ich sollte mich schämen und mir die Dehnungsstreifen auf meinem Körper angucken. Ich sei immer noch dick. Aber ich antworte dann immer liebevoll. Jedes Mal, wenn ich die negativen Bemerkungen meines Egos höre, sage ich mir: »Du bist hier sicher, und du wirst über alle Maßen von den Engeln geliebt!«

Schuldgefühl

Schuldgefühl ist ein herausfordernder Aspekt der Selbstliebe, und wir haben es alle schon einmal empfunden. Ich weiß mit Sicherheit, dass es auch dir schon so gegangen ist, und vielleicht hast du noch nicht einmal gewusst, warum.

Schuldgefühl scheint zwar natürlich zu sein, aber in Wahrheit ist Liebe das natürlichere Sein. Alles, was von der Angst kommt, ist eine komplette Illusion, und Schuldgefühl ist der Vetter von Angst. Für mich ist es die Herausforderung des Egos, zu vergeben. Es ist die Stimme, die sagt: »Bist du denn *sicher*, dass du wirklich in die Liebe gehen willst? Bist du sicher, dass du Freiheit willst?« So schwierig es manchmal scheint, die Antwort lautet definitiv »Ja!«.

Meiner Meinung nach hat Schuldgefühl viel mit unserer Erziehung zu tun. Ich will unseren Eltern und Lehrern gar keinen Vorwurf machen – so sind die Leute eben mit den Informationen, die sie hatten, umgegangen. Das Ego hat uns eingeredet, wir müssten alles unter Kontrolle haben, deshalb beurteilen wir, was um uns herum vor sich geht, und versuchen es zu ändern. Wir merken gar nicht, dass die Liebe die Kontrolle übernimmt, wenn wir uns zurückhalten.

In meiner Kindheit wurde mir zum Beispiel überall immer nur gesagt, ob ich lieb oder böse war. Na ja, ich will ehrlich sein: Ich kann mich nicht erinnern, dass meine Eltern mir jemals gesagt hätten, ich sei böse, aber wenn ich zum Beispiel in der Schule etwas »falsch« gemacht habe, hieß es, ich sei »böse«. So entstanden Schuldgefühle in mir. In meiner gesamten Schulzeit wurde ich nie öffentlich gelobt, wenn ich lieb war, aber wenn ich böse war, zeigten sie mit dem Finger auf mich. Wahrscheinlich hat mich das sogar dazu bewogen, mehr »böse« Dinge zu tun, damit ich mehr Aufmerksamkeit bekam.

Die meisten von uns bewerten ihren Selbstwert nach »gut« und »böse« – es geht immer darum, wie gut oder böse wir waren. Und damit wachsen wir auf. Ein Rennen in der Schule zu gewinnen, macht dich automatisch cooler als die anderen, und ich habe nie irgendwelche Rennen gewonnen, deshalb hatte ich immer das Gefühl, nicht so gut wie die anderen zu sein. Und im Unterricht war es dasselbe: Wenn deine Noten nicht so gut sind wie die deiner Klassenkameraden, dann schaffst du es nicht auf die Universität … und du bekommst nicht den Job, den du dir wünschst, die Beziehung, das Auto und so weiter. Diese Mentalität verfolgte mich bis ins Erwachsenenalter. Das geht den meisten Leuten so. Aber was wäre, wenn wir es nun anders sehen könnten?

Könntest du dir vorstellen, wenn dir einfach nur gesagt würde, du seiest gut? Stell dir vor, du hättest das seit deiner Geburt, die ganze Kindheit und Jugend über immer nur gehört, von deinen Eltern, den

Lehrern, Chefs und so weiter … Dein Leben wäre ganz anders, und du würdest wesentlich weniger Schuldgefühle empfinden.

Typen von Schuld

Ich habe festgestellt, dass es unterschiedliche Typen von Schuld gibt. Hier sind meine Erkenntnisse:

Erfolg

Schuldgefühle haben ihre Ursache häufig in Leistung – beziehungsweise fehlender Leistung. Sie treten auf, wenn wir nicht genügend Geld auf der Bank haben, keine besondere Qualifikation erreicht haben, oder – noch schlimmer – nicht besonders viele Follower auf Twitter haben.

Schuldgefühl aufgrund mangelnder Errungenschaften oder Taten ist weit verbreitet, vor allem, wenn jemand bereits einen Standard vorgegeben hat, den wir erreichen sollen, oder wenn wir gewisse Erwartungen an uns selber haben.

Vergleich

Schuldgefühle können auch entstehen, wenn wir uns mit jemand anderem vergleichen. Das lernen wir in der Kindheit – vor allem unter Geschwistern und gehen dann durchs Leben und vergleichen uns ständig mit anderen. Wir sagen: »Oh, das kannst du viel besser als ich« oder sogar »Das hast du viel besser gemacht als ich«, und dann fühlen wir uns schuldig, weil wir nicht genauso gut sind wie unser Gegenüber. Aber sobald wir uns mit jemand anderem vergleichen, vergessen wir unser individuelles Licht, das so hell leuchtet!

Urteil

Was passiert, wenn wir in den Spiegel schauen und nicht sehen, was wir sehen wollen? Vielleicht haben wir Narben, Muttermale oder eine

Kleidergröße, die uns nicht glücklich macht. Wir finden vielleicht, dass wir nicht gut genug aussehen. Und dann empfinden wir Schuldgefühle, weil wir nicht den sozialen Erwartungen oder, noch schlimmer, den Erwartungen einer Einzelperson entsprechen. Aber wenn wir aufgrund dieses Urteils Schuldgefühle empfinden, dann sehen wir die Göttlichkeit nicht, die die Engel in jeder Sekunde in uns sehen.

Scham

Viele Menschen empfinden Schuldgefühle, weil sie sich ihrer schämen. Ich bin Menschen begegnet, die tiefe Scham über ihre Hautfarbe, ihr Herkunftsland oder sogar wegen ihrer Sexualität empfinden. Scham ist ein schwieriges Gefühl, aber in den Augen der Engel bist du perfekt, ganz gleich, wer du bist. Für die Engel ist jeder von uns ein strahlendes Licht.

Sünde

Viele Menschen fühlen sich schuldig, weil sie glauben, eine Enttäuschung für Gott zu sein. Bei dieser Form von Schuldgefühl ist es für mich besonders schwer, den Menschen zu helfen, weil uns das von allen Seiten gepredigt wird. In Wahrheit jedoch ist Gott Liebe, und in der Liebe gibt es kein Urteil und keinen Groll. Schon im Evangelium von Maria Magdalena hat Jesus gesagt: »Es gibt keine Sünde.«

In meinen Augen ist Sünde, die Existenz der Liebe zu vergessen. Interpretiert man den Begriff wortgetreu, dann ist etwas entgegen dem Plan verlaufen, und ich habe gelernt, dass Gottes Plan für uns Liebe ist, und es ist eine »Sünde«, wenn wir das vergessen. In Wahrheit können wir Gott nie enttäuschen, weil wir eine Erweiterung seiner Liebe sind.

Unser unendlicher Wert

Einmal im Monat leite ich eine spirituelle Gruppe namens Angel Club in Renfrew. Die Leute kommen aus ganz Schottland, und wir konzentrieren uns einen ganzen Abend lang nur auf Engel. Regelmäßig werden Gastvorträge gehalten, und auch ich rede über spirituelle Themen und lege die Engelkarten.

Kürzlich habe ich eine offene Coaching-Sitzung im Club abgehalten, bei der ich über die Macht der Vergebung gesprochen habe. Es war ein echt herzerwärmender Abend, da viele Leute genau wie ich ihre Verletzlichkeit mit dem Rest der Gruppe teilten. Eine Frau, Linda, hob die Hand, als wir über Vergebung sprachen, und sagte, sie fühle sich ohne ersichtlichen Grund schuldig.

Sie erzählte uns, sie sei als Kind systematisch dazu erzogen worden, sich schlecht zu fühlen. Ihre Mutter war nicht gerade besonders liebevoll; sie bedauerte wohl, jemals Kinder bekommen zu haben, und ließ sich das auch anmerken. Also war Linda an einem Ort aufgewachsen, wo sie nicht gewollt wurde, und obwohl sie mittlerweile 60 war, empfand sie immer noch Schuldgefühle, überhaupt am Leben zu sein. Sie öffnete sich der Gruppe, und Tränen strömten ihr aus den Augen, als sie ihren Schmerz herausließ.

Ihre Verletzlichkeit überwältigte mich. Sie stand vor uns und ließ uns vertrauensvoll an ihrem Schmerz teilhaben. Ich wusste nicht, wie er geheilt werden konnte, deshalb schloss ich meine Augen, holte tief Luft, und als ich ausatmete, sagte ich innerlich: »Danke, Engel, dass ihr mir das Heilmittel für dieses Schuldgefühl sagt.«

Daraufhin bekam ich eine klare, tiefgründige Antwort: »Du kannst Schuldgefühl heilen, indem du dir über deinen unendlichen Wert klar wirst. Du bist genug!«

Schuldgefühl, wie bereits erwähnt, ist der Vetter von Angst, und wenn die Stimme des Egos sie dir einimpft, kannst du ihr entweder erlauben, die Oberhand zu gewinnen – oder nicht. Wir können uns für Angst oder Liebe entscheiden, und wenn wir vor allem liebevolle Gedanken haben, verschieben wir unsere Wahrnehmung und schaffen so ein Wunder. Und wir öffnen unsere Herzen, sodass wir Liebe geben und empfangen können – einschließlich Selbstliebe.

Wir sind genug – das heißt, *gut* genug –, und die Engel wollen, dass uns das klar wird. Sie lieben uns bedingungslos, und sie wissen, dass wir bis zu diesem Punkt unser Bestes getan haben. Die heiligen

Boten Gottes wollen uns auch wissen lassen, dass ihr Schöpfer uns liebt, und wenn wir uns klar darüber sind, wie vollkommen und wunderschön wir in seinen Augen sind, beginnen wir diese Liebe ebenfalls zu fühlen.

Natürlich wird die Stimme des Schuldgefühls von Zeit zu Zeit wieder laut werden, aber dann können wir einfach diese schlichte Affirmation sagen: »Ich bin genug!« Oder, sogar noch besser: »In den Augen Gottes bin ich bedingungslose Liebe.« Damit räumen wir uns jedes Mal den Weg wieder frei.

Unser Geist ist wie ein Garten – er muss gepflegt werden. Immer wenn wir Angst-Gedanken zurückweisen, jäten wir Unkraut, und immer wenn wir uns selbst daran erinnern, dass wir Liebe sind, pflanzen wir stattdessen einen wunderschönen Rosenbusch.

Diese Botschaft war für Linda und den Rest der Gruppe an jenem Abend wichtig, und um unsere Sitzung zu beenden, meditierten wir gemeinsam und akzeptierten, dass wir genug waren. Ich weiß noch, dass alle Anwesenden Tränen in den Augen hatten und vor Erleichterung weinten, als sie losließen, was sie nicht mehr brauchten, und akzeptierten, dass sie wirklich genug waren.

Zu akzeptieren, dass wir genug sind, erinnert mich wieder an die Passage aus dem »Evangelium der Maria Magdalena«, als Jesus sagte: »Das ist der Grund, wieso das Gute in eure Mitte trat, als Essenz einer jeden Natur, um sie wieder zu Seinen Wurzeln zurückzuführen.«

Schuld loszulassen bedeutet, in das Gute zurückzukehren, das uns gehört! Uns selbst zu vergeben heißt, uns selbst genug zu lieben, um uns vor Augen zu halten, das wir das Gute sind und das Gute zu uns gehört.

Hingabe

Maria Magdalena, Jesus und die Engel wollen dir helfen, die Schuld loszulassen, die nicht deinem göttlichen Zweck dient, glücklich zu sein.

Wenn deine Stimme des Schuldgefühls zu laut wird, musst du vor allem wissen:

- ➤ In Gottes Augen bist du gut genug.
- ➤ Du bist ein Ausdruck der Liebe.
- ➤ Die Erde ist mit dir gesegnet.
- ➤ Engel versammeln sich um dich.
- ➤ Du bist liebevoll und liebenswert.
- ➤ Du verdienst Frieden, einfach nur weil du bist.

Die nächste Phase zur Veränderung ist, dich selbst genug zu lieben, um zu realisieren, dass du es verdienst, dir zu vergeben, dass du überhaupt Schuldgefühle hast. Erlaube den Engeln, deine Schuld durch dieses Affirmationsgebet von dir zu nehmen:

>»Danke, Engel, dass ihr um mich herum seid, während ich mein wahres Selbst enthülle._

Ich bin ein göttlicher Funken bedingungsloser Liebe und akzeptiere jetzt meine Ganzheit und Heiligkeit.

Ich übergebe meine Vorstellung von Schuld, Scham und Sünde in eure Hände. Indem ich sie übergebe, nehme ich sie aus meiner Sicht.

Ich bin erfüllt von Licht, und ich erinnere mich, dass ich gut bin und nur Gutes verdiene.

Es fühlt sich so gut an zu wissen, dass ich diese Reise nicht alleine antrete – dass ich von euch gehalten und von euren Flügeln getragen werde.

Ich bin genug, und ich bin bedingungslose Liebe, akzeptiert von Gott und seinen Engeln!

Und so ist es!«

5

DIE WOLKE
DER TRAUER HEILEN

Gastfrei zu sein vergesset nicht, denn dadurch haben etliche ohne ihr Wissen Engel beherbergt.

HEBRÄER 13, VERS 2

Ich schlief, aber ich war wach. Ich war mit meinen Freunden in der Stadt gewesen, und wir hatten getanzt und gelacht. Nach einem Bier hatte ich jedoch beschlossen, es für den Rest des Abends genug sein zu lassen und einfach nur die Gesellschaft zu genießen. Es war so schön, wieder zu Hause zu sein, da ich gerade eine Tour durch Europa hinter mich gebracht und meine Botschaft über Engel übermittelt hatte. Als ich nach Hause kam, war es schon ziemlich spät, deshalb war ich gleich zu Bett gegangen und in einen tiefen Schlaf gefallen. Dann, etwa sieben Stunden später, hatte ich einen äußerst lebhaften Traum – beinahe wie eine hellseherische Vision.

Im Traum war mir klar, dass ich träumte. Erst letztes Jahr hat mir mein Freund Charlie Morley beigebracht, dass man solche Träume luzide Träume nennt, und wenn wir wollen, können wir darin interagieren. Ich jedoch gab alle Kontrolle auf, weil ich wusste, dass das Göttliche bei mir war.

Ich hockte an einem großen Stein. Ich sah, wie zwei Hände mit Steinmetzwerkzeugen ihn bearbeiteten. Sie meißelten das Symbol ein, das als *Vesica piscis* bekannt ist.

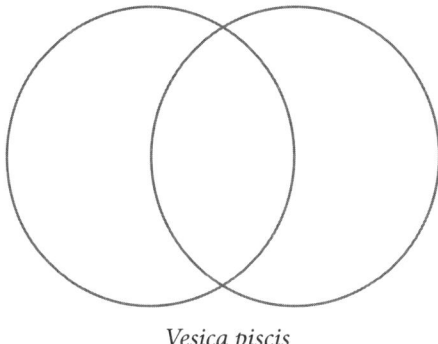

Vesica piscis

Ich wusste, dass dieses Symbol wichtig war und eine Verbindung zu Maria Magdalena hatte, aber ich dachte: *Warum ist das hier in meinem Traum?*

Dann plötzlich sah ich eine Höhle. Davor stand eine Vision von Maria Magdalena. Sie war in einen roten Schleier gehüllt, und ihr Gewand war von einem dunklen Violett, wie eine Aubergine. Sie kam auf mich zu.

An jeder Seite hatte sie einen Engel, aber sie sahen ganz anders aus als die Engel, die ich vorher gesehen hatte. Zum Einen waren sie absolut identisch. Sie waren weder männlich noch weiblich, einfach nur Wesen aus reinem Licht. Ihre Gesichter waren wie Sonnenschein, und ihre Augen schienen sehr tief zu sein. Sie trugen Gewänder aus einem seidigen Material, das ich noch nie zuvor gesehen hatte, und das um ihre Körper wirbelte. Sie hatten Flügel, aber auch die Flügel waren aus reinem Licht.

Ich stand ganz still da, mit heftig klopfendem Herzen und offenem Mund und spürte, wie Tränen der Freude aus meinen Augen strömten. Die beiden Engel kamen weiter auf mich zu, während Maria Magdalena stehen blieb und mich ansah, als wüsste sie, was jetzt geschah.

Ich spürte intensive Hitze über meinen Körper gleiten, als die Engel näher kamen. Wenn mein Herz eine Tür gewesen wäre, hätte sie weit offen gestanden. Alle Haare an meinem Körper richteten sich auf, aber ich hatte keine Angst, weil ich Liebe spüren konnte. Ich war einfach voller Vorfreude, weil ich nicht wusste, was als nächstes passieren würde.

Da ich in meinem Traum wach war und etwas sagen durfte, beschloss ich die Engel zu fragen, warum sie da waren. Ich nahm all meinen Mut zusammen und sagte: »Wer seid ihr und was möchtet ihr mir mitteilen?«

Die Worte der Wesen flossen in meine Gedanken:

Wir sind die Myriam, höre unseren Ruf.
Wir kommen zu dir in Gnade.
Wir repräsentieren vereinigte Liebe und sind die Engel, die zu
Maria Magdalena gekommen sind, wie in den Evangelien
berichtet.
Mit unserem Licht können wir dir helfen, in deinem Inneren
einen Zustand der Gnade zu erwecken.
Es ist Zeit, allen Kummer und alle Angst vor Trennung hinter
dir zu lassen, denn das Licht der Quelle ist für immer in dir.
Das Licht ist Christus.
Es ist der Heilige Geist, und er ist jetzt die Gegenwart in dir.
Heiße uns willkommen und erlaube uns, deine heilige Vision zu
erwecken, damit du das Licht von Christus in dir und der
ganzen Menschheit wahrnehmen kannst.

Nach diesen Worten wurden die Engel und Maria Magdalena eins, wie das Symbol des Vesica Piscis, und verschwanden.

Ich wachte sofort auf.

Ich setzte mich im Bett auf und rieb mir die Augen, wobei ich mich fragte, ob es tatsächlich nur ein Traum gewesen war. Dann sprang ich auf und rannte zu meiner Mutter.

Sie blickte mich an und fragte: »Was war denn da eben los?«

»Du wirst nicht glauben, was mir gerade passiert ist«, erwiderte ich.

Als ich meiner Mutter die Geschichte erzählte, wurde mir klar, dass gerade etwas Tiefes vorgefallen war. Die Myriam hatten gesagt, sie seien die Engel, die Maria Magdalena besucht hatten, »wie in den Evangelien berichtet«. Mir ging durch den Kopf, dass es ihre Schutzengel waren, und dass sie auch auf der anderen Seite immer noch bei ihr waren. Sie waren ein Team, wie es im Vesica Piscis enthüllt worden war. Die beiden Kreise dieses Symbols stellten die Engel dar, die zusammenkamen, und das zentrale Oval repräsentierte Maria selbst. Drei individuelle Energien wurden zu einer kombiniert. Es war großartig.

Ich hatte jedoch Zweifel, ob ich diese Vision auch anderen enthüllen sollte. Ich meine, ich konnte doch nicht im Ernst erzählen, dass ich biblischen Engeln und der schönen aufgestiegenen Lehrerin begegnet bin, die die geliebte Jüngerin Jesu gewesen war. Tagelang meditierte ich darüber, aber ich wusste, dass ich dem vertrauen musste, was ich gehört hatte. Es hatte Bedeutung, und es würde anderen helfen.

Mir wurde klar, dass ich mehr über die Myriam herausfinden musste, über ihre Botschaft und die Geschenke, die sie der Welt anboten. Waren diese Wesen wie andere Engel? Konnten auch sie angerufen werden?

Zuerst versuchte ich, mehr über ihren Namen herauszubekommen. Myriam – was bedeutete das? Ich erfuhr, dass Miriam ein anderer Name für Maria war, was einen Sinn ergab. Aber die Engel hatten mich ausdrücklich wissen lassen, dass ihr Name mit einem »y« und nicht mit einem »i« geschrieben wurde.

Nachdem ich online ein bisschen weiter recherchiert hatte, fand ich heraus, dass *Myr* ein ägyptisches Wort für »Liebe« oder »geliebt« war – und da hatte ich eine zündende Idee. Wenn *Myr* Liebe bedeutet, und wir »iam« als das nehmen, was es ist (engl. für »ich bin«), dann lautet der Name: »Ich bin geliebt«. Als ich das sah, bekam ich Gänsehaut, oder »Engelshaut«, wie ich immer sage. Maria Magdalena ist seit Jahrhunderten bekannt als »die Geliebte«.

Der nächste Teil meiner Initiation mit den Myriam bestand darin, ihre Geschenke zu entdecken. Ich dachte an die Geschichte, die im Johannesevangelium erzählt wird. Maria lag auf den Knien und trauerte nicht nur darüber, dass Jesus sein Leben verloren hatte, sondern weil sein Körper nicht mehr da war. Schluchzend lag sie vor seinem

Grab, als zwei Engel erschienen und sie fragten, warum sie weinte.

Mir wurde klar, dass die Myriam die Trauer in Maria *geheilt* hatten – diese göttlichen Engelwesen aus reinem weißen Licht hatten die tiefste, tragischste aller Emotionen aufgenommen. Und nicht nur das, sie hatten auch Maria Magdalenas hellseherische Vision geweckt: Nachdem sie die Myriam gesehen hatte, begegnete sie dem auferstandenen Christus.

So wie alle war auch Maria menschlich – sie hatte Gefühle und sie war tieftraurig, weil sie von ihrem Lehrer getrennt war. Die Engel halfen ihr, dieses Gefühl der Getrenntheit zu aufzulösen, sodass sie den geheilten Jesus wahrnehmen und in ihrer Mission, das »Gute« in den anderen zu erwecken, fortfahren konnte.

Das erinnerte mich daran, dass die Engel tatsächlich zu uns kommen können, wenn wir verzweifelt sind. Sie können uns aus unserem schlimmsten Albtraum retten. Sie können sogar eingreifen, um uns aus einer Situation herauszuholen – wie ein Autounfall oder ein brennendes Gebäude -, wenn es noch nicht unsere Zeit ist zu gehen, oder wenn es unsere spirituelle Bestimmung blockieren würde, diese Erfahrung zu machen.

Selbst wenn unser Verstand nicht in der Lage ist, die Hilfe zu akzeptieren, können Engel durch die göttlichen spirituellen Gesetze unsere mangelnde Bereitschaft überwinden, vor allem wenn unsere Seele eine neue Ausrichtung braucht, um uns auf unseren Weg zurückzubringen. Sie können uns durch Gnade heilen.

Es ist klar, dass es Maria Magdalenas spirituelle Bestimmung war, die wundervolle Nachricht über das Gute mit der Welt zu teilen, und wenn sie nicht aus ihrer Trauer geholt worden wäre, hätte sie Jesus nicht sehen können und hätte seine Kreuzigung nicht überwunden. Als die Engel zu ihr kamen, halfen sie ihr, so ruhig zu werden, dass aller Widerstand gegen das Geistliche verging, damit sie die heilige Begegnung mit Jesus haben konnte. Das sollte eines der bedeutendsten Ereignisse in ihrem Leben werden und sie zu der Lehrerin machen, die sie heute ist.

Unsere heilige Vision erwecken

Damit wir vergeben können, muss uns auch die Trauer aus dem Herzen genommen werden. Trauer ist etwas, was wir alle kennen. Es ist dieses Gefühl, das uns überkommt, wenn wir uns allein und vergessen fühlen. Es ist die herzzerreißende Angst, die uns einzureden versucht, wir würden nie wieder dieselben sein. Zum Glück ist das eine komplette Illusion, und die Wahrheit bleibt still in uns und wartet nur darauf, uns wieder willkommen zu heißen. Engel stehen bereit, uns dorthin zu führen.

Wenn die Trauer von uns genommen wird, wird Vergebung leichter, weil wir dann das Licht so sehen können, wie es ist, und dann sehen wir auch das Geistliche. Dazu müssen wir das Gefühl der Getrenntheit, das uns quält, vergessen und uns an die Liebe erinnern. Die Engel um uns herum sind eine ständige Quelle der Liebe. Sie erinnern uns immer daran. Sie flüstern sanft in unsere Seelen und ermutigen uns zuzuhören. Wir sollen wissen, dass wir von denen, die wir lieben, nie getrennt sind. In einer tiefen inneren Stille sind wir mit jedem und allem verbunden, was jemals gewesen ist und jemals sein wird. Wir sind alles. Wir sind Liebe.

Wenn wir uns an die Liebe erinnern, spüren wir sogar noch mehr von ihr. Deshalb erfahren Menschen, die an Engel glauben, mehr Liebe oder erhalten Hinweise vom Himmel: Weil sie sich entschieden haben, sich daran zu erinnern, dass die Liebe da ist.

Die heilige Vision der Myriam-Engel öffnet uns die Augen. Sie holen uns aus unserem schlimmsten Albtraum und bringen uns nach Hause. Diese göttlichen Schutzengel von Maria Magdalena verhelfen uns zur Heilung, damit wir Heiligkeit in allem wahrnehmen können.

Bitte um Heilung

Die Geschichte von Maria Magdalena, die Jesus völlig geheilt gesehen hat, ist eine mächtige Allegorie, weil sie sich auf etwas bezieht, dass wir alle auf die eine oder andere Art und Weise erleben. An irgendeinem Punkt im Leben fühlen wir uns alle getrennt von dem, was wir lieben, und es erfordert tiefe Hingabe, daran zu denken, dass wir keineswegs getrennt sind. Das Großartige daran ist, dass wir Hilfe haben.

Wenn du bereit bist, Trauer oder Kummer in deinem Leben zu heilen, bedeutet das auch, dass du bereit bist, die Angst zu überwinden, dass das, was du liebst, dir genommen werden kann. Wenn du bereit bist, dich von dieser Albtraum-Emotion heilen zu lassen, wird dir klar werden, dass du eins bist mit dem, was du liebst – du bist eins mit allem. Und du wirst dich daran erinnern, dass in der Stille deines Herzens die Verbindung mit Zuhause wartet, mit all denen, die von der Erde gegangen sind, und mit denen, die fern zu sein scheinen. Dann nimmst du deinen Heiligen Geist wahr oder das, was die Myriam als »Christus« bezeichnen.

Die Myriam helfen uns, über Trauer, Schuld und Angst hinaus zu sehen. Sie helfen uns, die Vision von Gnade zu wecken, und daran zu denken, dass wir nie getrennt von Gott sind, denn das Licht Christi ist in uns allen. Wenn ich sage »Christus«, dann spreche ich nicht von Jesus Christus, sondern von dem inneren Bewusstsein, das heilig ist und immer sein wird – von dem wahren Du, was du auch »Buddha« oder »Bewusstsein« nennen kannst.

Du kannst die Myriam anrufen, damit

> sie dir helfen, mit dem Verlust eines geliebten Menschen fertigzuwerden.
> dich von jedem Schuldgefühl und jeder Angst zu heilen, die du nach dem Tod des geliebten Menschen noch empfindest.
> du alle tief verwurzelten Emotionen, die dir das Gefühl geben, von Gott, den Engeln oder dem Heiligen Geist getrennt zu sein, überwindest.
> die Vision von Gnade geweckt wird (damit du auch das Licht in anderen wahrnehmen kannst).
> du deine innere Göttlichkeit ehrst.

Bete zu den Myriam:

»Göttliche heilige Engel von Maria Magdalena, reine weiße Wesen, bekannt als Myriam, ich rufe euch jetzt an.

Ich bin bereit, mich an die Stille der Liebe zu erinnern, die in der Höhle meines Herzens wartet. Danke, dass ihr mich in den Zustand der Gnade erweckt habt, in dem ihr andere segnet und mir helft, das Leben mit den Augen der Liebe zu sehen.

Jetzt nehme ich meine spirituelle Macht wahr und erneuere die Sinne, die mir helfen zu sehen. Lasst meine Augen das Licht der Menschheit sehen.

Ich erkenne an, dass ich auf einer körperlichen Ebene die Verbundenheit, die in mir schlummert, vielleicht nicht erfahre. Also entscheide ich mich jetzt, über die Grenzen meines Körpers und der Erde hinauszugehen, damit ich die Liebe auf einer tieferen Ebene deutlich sehen kann.

Ich nehme die Geschenke an, mit denen ich auf diese Welt gekommen bin, mein Körper beginnt sie zu akzeptieren, und ich beginne die Wahrheit und das Licht, das ich bin, zu verkörpern.

Ich bin nie getrennt von denen, die ich liebe – in Geist, Körper und Seele bin ich immer mit ihnen zusammen. Ich bin Liebe.

Möge diese Initiation vollendet sein, wenn ich mich eurem Licht hingebe.

Und so ist es!«

6
NUR LIEBEVOLLE
GEDANKEN DENKEN

Um Göttliches zu erfahren, muss man es lieben.

BLAISE PASCAL,
FRANZÖSISCHER WISSENSCHAFTLER UND PHILOSOPH

»Vergeben heißt einfach, dass du dich nur an die liebevollen Gedanken erinnerst«, heißt es in *Ein Kurs in Wundern,* und das ist wahr. Wenn du vergeben und zum inneren Frieden zurückkehren willst, der uns ständig angeboten wird, musst du eine Wahl treffen. Wir haben immer eine Wahl – wir können Liebe wählen oder Angst. Wenn wir mit einer schwierigen Situation konfrontiert sind oder etwas auf uns zukommt, was schmerzhaft sein könnte, will die Stimme des Egos sofort Verteidigungswälle errichten, und wir haben das Gefühl, wir müssten uns für einen davon entscheiden. Aber bei alledem ist in uns eine gewisse Stille, und in dieser Stille ist Liebe. Wenn wir beschließen, uns in diesen Raum zu begeben, ist die einzige Lösung, die die Stimme unserer Seele uns präsentiert, völlige Akzeptanz.

Wenn etwas schmerzlich ist, spüren wir es natürlich, aber es muss nicht real sein. Wie wir früher gehört haben, nennt *Ein Kurs in Wundern* alles, was nicht Liebe ist, Illusion, und ich stehe hinter dieser Denkweise. Obwohl wir alle Schmerz in der Vergangenheit erfahren haben und auch in Zukunft erfahren werden, wollen in Wahrheit tief im Kern unserer Seele Frieden und Licht leuchten.

In Momenten des Schmerzes tut auch das Ego seinen Job, weil es uns sagt, dass wir angegriffen werden. Es tut wahrscheinlich sogar noch ein bisschen mehr – es sagt uns nämlich, dass wir uns mit einer Erklärung oder einer irdischen Erfahrung verteidigen müssen, die unseren Wert bestimmt. Wir müssen jedoch nicht in diese Falle tappen. Angesichts von Angst können wir uns dafür entscheiden, uns in die Flügel der Vergebung zurückzulehnen.

Natürlich ist das nicht alles. Ich habe es auf der Reise zur Vergebung immer als schwierig empfunden, wenn jemand besonders gemein, verletzend oder bedrohlich war. Natürlich kann ich ihm vergeben, aber ein anderer Teil von mir möchte wissen, *warum* jemand es in Ordnung findet, mich oder jemand anderen anzugreifen. Von Zeit zu Zeit schießt jemand quer und stellt zum Beispiel mich oder meine Dienste in Frage. Sie bilden sich einfach eine Meinung, wissen aber nicht wirklich, wo ich herkomme, welche Arbeit ich bis zu diesem Punkt geleistet habe oder wie ich anderen diene.

Vor zwei Jahren zum Beispiel habe ich ständig ein Rotkehlchen in meinen Meditationen gesehen. Ich liebte den Anblick des kleinen Vogels, und bei einer Meditation hatte ich eine Eingebung darüber. Ich beschloss, sie auf meiner Facebook-Seite zu teilen, auf der ich zu diesem Zeitpunkt etwa 4000 Follower hatte. Ich postete ein Foto von einem Rotkehlchen mit der Information, die ich erhalten hatte: »Wenn ein Rotkehlchen dich ständig besucht oder deinen Weg kreuzt, dann versucht ein lieber Mensch im Himmel zu sagen: ›Hallo, ich bin bei dir!‹«

Das Foto bekam so viel Aufmerksamkeit, es war verrückt. Innerhalb weniger Wochen war es über 25 000 Mal auf Facebook geteilt worden. Das bedeutet, über 50 000 Personen hatten meinen Post gesehen. Das war cool, weil ich den Leuten eine fröhliche Botschaft schicken und mit ihnen teilen wollte, was ich von den Engeln erfahren hatte. Zur gleichen Zeit tummelten sich jedoch auch schwierige Leute auf meiner Seite. Sie griffen meine Arbeit und meine Honorare für Privatsitzungen an und sagten, ich sei ein Betrüger. Ich las einige der Kommentare. Sie waren niederschmetternd. Ein Mann schrieb, ich hätte es nicht verdient, am Leben zu sein und solle mich umbringen! Ich weiß noch, dass mir ganz schlecht wurde und ich am ganzen Leib zitterte. Ich leistete meinen kleinen Beitrag, um die Welt ein wenig heller zu machen und wurde dafür angegriffen. Ich wusste nicht mehr, was ich tun sollte.

Lange dachte ich darüber nach. Ich durfte mir auf keinen Fall erlauben, ein Opfer zu sein – ich musste meine Energie ändern. Wenn ich angegriffen wurde, musste ich affirmieren und im Herzen wissen, dass meine Seele völlig heil war. Ich wusste, wenn ich mich daran erinnerte, wer ich wirklich war, würde ich beschützt sein.

Sei gewiss, dass Hilfe da ist

Die Engel haben mich gelehrt, dass wir um Hilfe bitten können und wir können auch um Schutz bitten, aber wenn wir wirklich wissen, dass wir gehalten und beschützt und in völliger Sicherheit sind, dann ändert sich die gesamte Dynamik unserer Energie. Das erinnert mich an dieses wundervolle Zitat aus Lektion 183 in *Ein Kurs in Wundern:*

> *Der Name Gottes kann nicht ohne Reaktion gehört noch ohne ein Echo in dem Geist ausgesprochen werden, das dich zur Erinnerung aufruft. Sage Seinen Namen und du lädst die Engel ein, den Boden, auf dem du stehst zu umringen und dir zuzusingen, während sie ihre Flügel auseinander breiten, um dich sicher zu bewahren und vor jedem weltlichen Gedanken abzuschirmen, der sich in deine Heiligkeit eindrängen möchte.«*

Nichts kann uns unsere Heiligkeit nehmen, allerdings können manche Menschen und Situationen uns ermutigen, sie zu vergessen. Unter diesen Umständen ist es unsere einzige Zuflucht, zum Wunderdenken zurückzukehren, indem wir uns nur an liebevolle Gedanken erinnern.

Was ist Wunderdenken? Es ist die Verschiebung der Wahrnehmung von Angst zu Liebe. Wann immer jemand dir einen Knüppel zwischen die Beine wirft, kannst du ihm Liebe zurückschicken. Wer uns mit Worten oder Aktionen geißelt, hat die Liebe vergessen. Und vor allem hat er vergessen, sich selbst zu lieben. Du kannst deine Liebe mit ihm teilen, indem du ihm positive Gedanken schickst.

In *Ein Kurs in Wundern* steht: »… wenn du Frieden willst, so musst du die Idee des Konflikts ganz und für alle Zeiten aufgeben«, und das ist wahr. Wenn du die Vorstellung, angegriffen zu werden, aus deinem Leben entfernen willst, dann musst du sie aus deinem Kopf verbannen. Wenn der Geist Konflikt loslässt und nur noch Bereitschaft erkennt, Frieden zu schaffen, ist Frieden unvermeidlich.

Als mich also Hunderte von Menschen online angriffen, arbeiteten meine Mum und ich unablässig, um jeden negativen Kommentar oder Akt der Angst von meiner Seite zu entfernen. Ich wollte weiter liebevolle Gedanken widergeben, damit die Leute an die Engel dachten, deshalb postete ich weiterhin meine täglichen Updates über Liebe, Gebete und Engel. Und wenn jemand etwas Böses sagte oder mich von meiner Heiligkeit ablenkte, schickte ich ihm Liebe. Ich glaube, wenn wir jemandem Liebe schicken, küssen seine Engel ihn auf die Stirn und massieren ihm die Spannung aus dem Kopf. Sie flüstern ihm liebevolle Erinnerungen ins Ohr und beten unermüdlich, damit er sich an die Liebe erinnert, die in seinem Inneren wartet. Ich notierte mir den Namen von jeder Person und visualisierte, wie sie von Engel gehalten, auf die Stirn geküsst und in eine rosa Decke der Liebe eingehüllt wurde – und dann ließ ich los!

Es ist nicht schön, sich angegriffen oder herausgefordert zu fühlen – vor allem, wenn du eigentlich das Gefühl hast, Gutes zu tun. Ich hätte eigentlich anfangen können aufzulisten, an welche Organisationen ich jeden Monat spendete, wo ich überall ehrenamtliche Arbeit leistete und wie oft ich kostenlose Sitzungen gab, wenn sich jemand die Kursgebühr nicht leisten konnte, aber was hätte das bewiesen? Doch nur, dass jemand mein Licht und meine Heiligkeit an meinen materiellen Aktionen maß, während meine Heiligkeit in Wahrheit gar nicht zu sehen, sondern nur mit dem Herzen zu fühlen war. Ich wusste, wie es funktionierte, und so teilte ich es auch: Ich schickte Liebe.

Wenn wir angegriffen werden oder eine Situation uns quält, müssen wir einen Weg finden, uns wieder auf die Wahrheit auszurichten. Wir müssen unsere Gedanken auf Gott (Liebe) richten, damit wir uns getragen fühlen, statt uns von unserer Quelle zu trennen. Ich weiß aus persönlicher Erfahrung, dass ich das Gefühl verliere, mit Gott verbunden zu sein, wenn ich mich in die Angst bewege. Ich gehe dann an einen Ort, wo ich mich als Opfer und alleine fühle. Aber in Wahrheit stehen natürlich immer die Engel bei mir und wollen mir unbedingt helfen.

Es gibt ein Zitat aus dem 19. Jahrhundert von dem italienischen Priester und Schriftsteller, St. Johannes Bosco, das uns hilft, die Natur unserer Engel im Gegensatz zu unserem Ego zu verstehen. Er hat gesagt:

>*Wenn du in Versuchung gerätst, rufe deinen Engel an. Er ist eifriger darauf bedacht, dir zu helfen, als du, dass dir geholfen wird! Ignoriere den Teufel und habe keine Angst vor ihm. Er flieht zitternd, wenn er deinen Schutzengel sieht.*«

Die meiste Zeit über wartet unser Schutzengel darauf, um Hilfe gebeten zu werden. Engel sind immer eifriger darauf bedacht, uns zu helfen, als wir darauf bedacht sind, dass uns geholfen wird. Wenn wir unseren Fokus verschieben, um die Unterstützung zu empfangen, die wir verdienen, dann kommen sie und verändern die Energie um uns herum und die Herausforderungen, mit denen wir konfrontiert sind. In diesem Fall ist der Teufel kein verrückter Dämon, sondern eher die negative Stimme der Erinnerung an etwas, das uns herausgefordert hat. In Wahrheit glaube ich nämlich nicht an den Teufel, weil ich nicht an die Hölle glaube. Ich glaube, der Teufel ist die Ego-Stimme, unser inneres Zweifelsystem, und die Hölle findet statt, wenn wir dem Ego die Entscheidungen überlassen und nicht unserem göttlichen Führungssystem.

Engel zu Hilfe

Engel haben die Fähigkeit, uns zu helfen, wenn wir verzweifelt sind. Sie können unseren freien Willen übergehen und uns helfen, auch wenn wir sie nicht darum bitten, falls das, was geschieht, nicht Teil unseres Karmas oder unserer Lernaufgaben ist. Deshalb gibt es auch immer wieder Geschichten von Leuten, die von einer unsichtbaren Präsenz gerettet wurden oder Besuch von einem Engel erhalten haben, als es ihnen sehr schlecht ging – die Engel wurden von Gott geschickt, um ihnen zu helfen. Ich habe festgestellt, dass Engel dazu zwar in der Lage sind, sie es jedoch leichter finden, wenn wir uns auf die Liebe ausrichten. Wenn wir ein affirmatives Gebet sprechen, es mit Dankbarkeit kombinieren, uns selbst umgeben von goldenem Licht visualisieren und meditieren, dann gleichen wir unsere Schwingungen denen der Engel an. Um es einfach auszudrücken, Engel sind göttliches Licht, und wenn wir uns eingehüllt in Licht visualisieren, werden wir zu Magneten für die Unterstützung dieser wundervollen Wesen.

Wenn wir negative Gedanken haben, weil wir trauern oder das Gefühl haben, angegriffen zu werden, dann müssen wir wissen, dass dieser Angriff nicht real ist – er ist eine Illusion. Eine Person kann Dinge zu uns sagen und uns sogar körperlich verletzen, aber unser wahres Selbst kann nie verletzt werden – unsere Seele ist ewig. Und wenn wir beginnen, unsere Gedanken anzupassen, meditieren und beten, legen Engel schützend und vergebend ihre Flügel um uns.

Wenn jemand uns bedroht oder uns körperlich oder emotional verletzt, verletzt er auch sich selbst. In Lektion 26 von *Ein Kurs in Wundern* ist die Rede von Angriffsgedanken. Darin heißt es, dass wir ebenfalls glauben, wir können angegriffen werden, wenn wir über jemanden negativ denken, ihn mit Beleidigungen angreifen oder auf seine Schwächen hinweisen wollen. Das ist ein Teufelskreis! Die Affirmation dazu lautet:

Meine Angriffsgedanken greifen meine Unverletzlichkeit an!

Das ist wohl wahr. In Gottes Augen sind wir unverletzlich, aber unsere Gedanken schaffen *unsere* Realität und nicht die Gottes. Der *Kurs* lehrt uns, dass wir unweigerlich uns selbst angreifen, wenn wir eine andere Person angreifen!

Hier ist die Anschauung, die in der Lektion dargestellt ist:

Der heutige Leitgedanke führt die Idee ein, dass du immer zuerst dich selbst angreifst. Wenn Angriffsgedanken notgedrungen die Überzeugung nach sich ziehen, dass du verletzlich bist, besteht ihre Wirkung darin, dich in deinen eigenen Augen zu schwächen. Somit greifen sie deine eigene Wahrnehmung deiner selbst an. Und weil du an sie glaubst, kannst du nicht mehr an dich selbst glauben. Ein falsches Bild von dir nimmt nun den Platz dessen ein, was du bist.

Wenn wir ein Urteil fällen, kann Vergebung nicht stattfinden, und wenn wir Angriffsgedanken hegen, sind wir ebenfalls für Angriffe weit geöffnet. Im Kontext von Vergebung gibt es nur einen Weg aus diesem Zustand heraus, und der führt über die Liebe.

Eine Umkehr zur Liebe

➢ Wenn du versucht bist, jemanden zu verurteilen und Angriffsgedanken hegst, versuche zu sagen:
»In diesem Moment übergebe ich alle meine negativen Angriffsgedanken an Gott.
Ich weiß, dass ich mit Gott vereint bin.
In meinem Herzen scheint das Licht meines Schöpfers.
Wenn ich an Seinen Namen denke, geht ein Echo von Liebe durch mein Leben.
Wenn ich Seinen Namen anrufe, umgeben Engel des Lichts mein Sein.
Ich bin Liebe, und ich nehme mir diesen Augenblick, um mich daran zu erinnern.
Alle Illusionen lasse ich los, wenn ich mich auf Liebe konzentriere.
Ich kehre in meinen natürlichen Zustand zurück.
Ich bin Liebe.

➢ Während du das sagst, visualisiere, wie Licht dich umgibt und von deinem Herzen ausstrahlt.

> Stell dir vor, wie das Licht zu der Situation oder Person fließt, der du vergeben willst. Das kannst auch du sein!

> Sieh in deinem Geist Engelwesen um dich herum schweben. Sie beschützen dich und ehren die Tatsache, dass du zur Sicherheit zurückkehrst, wenn du deine Angriffsgedanken loslässt.

Engel der Liebe und der Harmonie senden

Liebe zu senden, ist überhaupt nicht schwierig. Du musst nur die feste Absicht dazu haben. Du kannst einfach an jemanden denken, tiefe Liebe in deinem Herzen empfinden, die Absicht haben, dass sie die Person erreicht, und das ist schon alles. Ich mache das jedoch immer mit Gebet und Visualisierung, weil das eine kraftvolle Kombination ist. Und ich rufe vor allem zwei Erzengel an, wenn ich Harmonie kreieren und einer Person oder einer Situation Liebe senden möchte. Sie helfen mir immer gerne.

Der erste der beiden Erzengel ist Raguel, dessen Name »Freund Gottes« bedeutet. Er ist ein gut aussehender Engel mit einem weichen, femininen Gesicht – ich wusste jahrelang nicht genau, ob er einen Mann oder eine Frau verkörpert. Er erscheint vor meinem geistigen Auge mit strahlenden blauen Augen, kurzen, sonnengesträhnten Haaren und einer funkelnden orange-goldenen Aura. Er ist einer der Engel der Gerechtigkeit und sein spiritueller Hauptzweck ist es, Harmonie zu bringen. Er will, dass wir alle in Harmonie leben, und dazu gehören auch die, die uns herausfordern. Er ist absolut liebevoll und zuverlässig in seiner Unterstützung all jener, die ihn anrufen, und er legt vor allem Wert darauf, dass jeder Frieden findet.

Der andere Erzengel ist Chamuel. Im Aussehen erinnert mich dieser mächtige Erzengel immer an David Bowie in den Achtzigern. Er hat ein wundervoll hellrotes Gewand, und seine fast weißen Haare können in seiner anmutigen weißen Aura verschwinden. Sein Name bedeutet »Der Gott sieht«, und genau das tut er: Er ist der Engel, der Gott sieht und mich sieht. Gott ist Liebe, also ist er der Engel, der Liebe sieht. Sein einziger Zweck ist es, uns zu helfen, damit wir uns an die Liebe erinnern. Er kann uns helfen, das Göttliche in unserem schlimmsten Feind zu finden, er kann uns helfen, Liebe in einer Herausforderung zu entdecken, und vor allem kann er uns helfen, Liebe in uns selbst zu sehen. Allein sein Dasein erweitert das Herz.

Diese beiden Engel sind eine kraftvolle Kombination aus Harmonie und Liebe, und sie sind jetzt hier, stehen neben dir, um ein Gefühl der Ausgeglichenheit in dein Leben zu bringen. Ob du daran arbeitest, dir selbst, jemand anderem oder einem speziellen Thema zu vergeben, diese Engel können dir helfen, die Möglichkeit zur Veränderung zu ergreifen und Liebe zu senden und anzunehmen. Rufe sie jetzt an, oder zu jedem anderen Zeitpunkt, wenn du sie brauchst, und erlaube ihnen, dich zu unterstützen.

Hier sind einige Gebete, die dir dabei helfen:

Ein Gebet, um Liebe und Harmonie willkommen zu heißen

»Mächtige Erzengel, die ihr auf mich blickt wie meine Freunde, ich danke euch, dass ihr mir eure friedlichen Kriegerengel Chamuel und Raguel geschickt habt. Es ist so gut zu wissen, dass ich vom Licht des Friedens umgeben bin.
Danke, Chamuel, dass du in mir die Vision von Liebe und erwachender Akzeptanz im Raum meines Herzens ausgelöst hast.
Ich heiße deine liebevolle Anwesenheit willkommen und bin dankbar, dass du mir hilfst, das Gute in mir selbst und anderen zu sehen.
Danke, Raguel, weil du mein ganzes Sein mit einer Welle harmonischer Energie überflutest. Ich lasse meine Zellen von deiner Anwesenheit nähren und meinen Geist von dir beruhigen. Ich weiß, dass von jetzt an immer alles fair und positiv vorwärtsgeht. Ich werde von Liebe umfangen, und Harmonie ist meine einzige Lösung!
Und so ist es!«

Ein Gebet, um Liebe und Harmonie zu senden

»Ich danke euch, Erzengel Chamuel und Erzengel Raguel, dass ihr das Leben von (Name) segnet und seine/ihre Stirn mit eurer

bedingungslosen Liebe küsst. Wenn ihr ihn/sie auf die Stirn küsst,
weckt ihr in ihm/ihr großen Frieden, der das ganze Wesen umfängt
und in sein/ihr Herz dringt.

Es fühlt sich gut an, (Name) als Wesen bedingungsloser Liebe zu
sehen, das das Licht dieser Welt ausdrückt und empfängt. Danke,
dass du ihn/sie mit kompletter Sicherheit umgibst, ihm/ihr hilfst,
sich sicher zu fühlen und ihn/sie daran erinnerst, dass er/sie ein
Licht in dieser Welt ist.

Ich sage dies zum höchsten Wohle und unter dem spirituellen
Gesetz der Gnade.

Und so ist es!«

Albtraumgedanken zum Schweigen bringen

Wenn wir die Heilung eingeleitet haben, besteht die Möglichkeit, dass unsere Ego-Stimme den Versuch macht, uns zurückzuhalten, indem sie uns Albtraumgedanken und angstvolle Erinnerungen ins Gedächtnis ruft. Aber angesichts der Dunkelheit haben wir umso mehr Gelegenheit, wieder vom Licht eingehüllt zu werden. Es wird einen Moment geben, in dem wir die Wahl zwischen Wahnsinn und Wunder haben werden. Natürlich plädiere ich für Wunder!

Ich bezeichne Gedanken, die ich nicht für positiv halte, deshalb als »Albtraum«, weil ich jeden Gedanken, der mich auf das Schlimmste vorbereitet, zurückweise mit den Worten: »Es ist nur ein Albtraum, es ist nicht real!«. Mit diesen Worten trösten auch Eltern Kinder, die nachts aus einem bösen Traum aufschrecken. Dann folge ich meinem spirituellen Prozess, um meine Wahrnehmung zu verschieben.

Ich mache das mit Visualisierungstechniken und Meditation, aber ich weiß, dass das für viele schwierig ist, deshalb hier ein paar andere Dinge (und Wesen), die dir helfen können:

Erzengel Michael

Ein einfaches Gebet zu Michael, dem Erzengel und Heiligen des Schutzes, ist manchmal die effektivste Form der Sicherheit. Michael ist ein mächtiger Erzengel, und du hast ihn in deiner spirituellen Praxis bestimmt schon gespürt oder angerufen. Die meisten Menschen haben ein klares Bild von diesem Kriegerengel, der uns beschützt.

Michael hat ein Lichtschwert, das er benutzt, um uns von allem loszumachen, das nicht unserem Leben oder unserer Bestimmung dient, und dazu gehören auch negative Albtraumgedanken. Du kannst ihn mit diesem Gebet anrufen, um deinen Geist von der Stimme des Egos und seinem Plan zu befreien:

»*Danke, Erzengel Michael, weil du jetzt zu mir kommst und mich mit deinem Lichtschwert von Gedanken, Emotionen und Wahrnehmungen trennst, die nicht meinem Zweck dienen, glücklich zu sein.*
Ich ergebe mich in deine Schutzenergie und erlaube dir, der Torhüter in meinem Geist zu sein. Du wirst mit deiner liebevollen Präsenz in meinem Geist nur Gedanken zulassen, die mich auf meinem Weg zu Frieden, Glück und Liebe leiten und beschützen.
Es ist so gut zu wissen, dass du hier bei mir bist.
Und so ist es!«

Die Cherubim

Erst vor Kurzem habe ich Gefallen an der Vorstellung von Cherub-Engeln gefunden. Es gibt sogar eine Schicht in der Engel-Hierarchie, zu der auch Cherubim gehören. Sie sind die Engel, die den göttlichen Willen lenken. In spirituellen Texten werden sie mit vier Flügeln und vier Gesichtern beschrieben, aber ich stelle sie mir gerne so vor wie die süßen, pausbäckigen Engel in der Kunst der Renaissance.

Wenn ich schwere Gedanken oder Albtraumvisionen habe, stelle ich mir diese glücklichen, lächelnden kleinen Lenker des Göttlichen vor, die um mich herum tanzen. In meiner Vision küssen mich die Cherubim des Glücks, streicheln mir über die Haare und weisen mir den Weg, um die schlimmen Gedanken, die von Anfang an nicht real waren, loszulassen, bis die Gedanken weg sind und ich genauso glücklich bin wie die Cherubim.

Blumen

Ich bin erst spät dazu gekommen, Blumen zu lieben. Als ich ein Kind war, litt meine Mutter stark unter Heuschnupfen, deshalb gehörten sie nie wirklich zu meinem Leben. Aber während einer Meditation schenkte mir mein Schutzengel Kamael einmal eine Sonnenblume, und seitdem ist sie eines meiner spirituellen Symbole. Immer wenn es mir besonders schwerfiel, mich einer Situation hinzugeben, habe ich Sonnenblumen visualisiert.

Manchmal stelle ich mir das berühmte Gemälde von Vincent van Gogh vor, aber in meiner Vorstellung sehen die Blumen glücklicher und strahlender aus. Oder ich stelle mir eine Sonnenblume mit einem breiten, glücklichen Lächeln vor, die auf mich herunterblickt.

Ich verändere meine spirituelle Praxis ständig, aber wenn ich meine Wahrnehmungen verändern will, bleibe ich bei Vertrautem und Sicherem. Das ist mein »Sicherheitsprozess«. Eine andere Blume, die ich liebe, ist das Gänseblümchen. Ich stelle mir vor, ich bin ein kleiner Junge, der über eine Wiese voller Gänseblümchen läuft. Wenn ich das tue, steigt die Freude meines inneren Kindes wie durch Zauberei an die Oberfläche.

Liebevolle Gedanken

Während du die einzelnen Schritte der Vergebung befolgst, ist es wichtig, dass du deine Liebe findest und damit verbunden bleibst. Die Menschen, Tiere, Dinge, Erinnerungen und Teile deiner Gemeinschaft, die dir das Gefühl der Zugehörigkeit, der Sicherheit, der Akzeptanz und des Glücks geben, sind wichtig für deine Reise. Hast du Kindheitserinnerungen, die dir Freude bereiten? Welche Erfahrung in den letzten 12 Monaten hat dich erfüllt und gestützt? Wer verschönt dir deinen Tag?

Nimm dir Zeit, um eine Wunder-Denkweise zu kultivieren, indem du dich nur an liebevolle Gedanken erinnerst. Wenn du mit einer Herausforderung konfrontiert bist, wie kannst du dir selbst das Gefühl der Sicherheit geben und zur Liebe zurückkehren? Nimm dir einen Moment der Besinnung, um deinen eigenen Sicherheitsprozess herauszufinden.

Denke daran, dass Vergebung keine Aktion ist – sie ist ein Prozess der Erinnerung an deine spirituelle Identität und deine Verbindung zu Liebe.

DER KÖRPER IST EIN TEMPEL

Der Körper kann durch Vergebung geheilt werden.

<small>Das Lied des Gebets, Ein Kurs in Wundern</small>

Damit das Wunder der Vergebung in unserem Leben funktionieren kann, muss es mit dem ganzen Körper vollzogen werden. Unser Körper ist im Moment das Heim unserer Seele, und es ist wichtig, diesen Raum sauber und gepflegt zu erhalten.

Schon als Teenager war ich fasziniert von der Verbindung zwischen Körper und Geist. Auch die Tatsache, dass wir unseren Körper so behandeln, wie wir unsere wahre Essenz sehen, beschäftigte mich. Und das Wissen, dass der menschliche Körper so wird, wie du deine Seele siehst, hat mich überwältigt. Es gibt keinen Zweifel: Auch unser Körper braucht Vergebung.

Ein Kurs in Wundern lehrt uns, dass wir viel mehr sind als unser Körper – wir sind eigentlich sogar viel mehr als diese Erde. Und das ist wahr! Aber – und das ist ein großes Aber – wir sind nun einmal hier, wir sind auf der Erde und wir sind in einem Körper, deshalb müssen wir das respektieren und die Reise so bequem wie möglich gestalten.

Wie wir unseren Körper behandeln, behandeln wir auch unsere Seele. Darüber sollten wir einmal nachdenken. Für mich war es eine der größten Herausforderungen. Jahrelang hatte ich jeden Akt der

Fürsorge für meinen Körper abgelehnt, weil ich geglaubt hatte, dass das ganze spirituelle Zeug schon reichen würde. Was habe ich mir bloß dabei gedacht?

Zu lernen, dass wir einen Körper, einen Geist und eine Seele haben, ist wichtig. Sie sind wie drei beste Freunde – alle ein bisschen unterschiedlich, aber aus irgendeinem Grund passen sie gut zusammen. Stelle dir einfach vor, einer hat einen dickeren Hintern, einer denkt zu viel, und einer schwebt durch die Gegend und ist ganz golden – das sind dein Körper, dein Geist und deine Seele.

Vergebung ist ein Prozess spiritueller Integration – er hilft uns dabei, Geist, Körper und Seele zusammenzubringen. Das bedeutet nicht, dass wir Modelmaße bekommen, einen ruhigen Geist oder als Energieheiler arbeiten (obwohl es durchaus so sein könnte), es bedeutet lediglich, dass wir Liebe und Respekt für jeden Teil unseres Seins empfinden.

Vergebung im Körper erlaubt uns, eine Situation anders zu empfinden, und lässt uns echt sein. Ist dir jemals aufgefallen, wenn jemand lügt? Der Körper sagt alles – er kann nichts verbergen. Und ich glaube, wenn wir nicht vergeben, erzählt der Körper das auch.

Ein heiliger Tempel

Meiner Meinung nach ist es ganz einfach: Unser Körper ist ein schöner Tempel. Er ist das Heim der Seele. Aber die Schönheit kann sich sehr schnell ändern, wenn wir ihn eine Zeitlang nicht pflegen. Stelle dir eine alte Kirche vor – die Wandfarbe kann abblättern, das Holz kann sich verziehen, Gerüche, Staub und Käfer dringen ein und bald schon wird ungepflegt und ungeliebt, was einmal schön war.

Mit unserem Körper ist es genauso. Wenn wir keine Vergebung zulassen, ist es so, als liebten wir uns selber nicht. Dann lassen wir das Heim unserer Seele verdrecken und verstauben – nichts glänzt mehr wie einst.

Vergebung ist wie *Feng Shui* – es ist die benötigte Reinigung, und wenn sie erst einmal stattgefunden hat, dann stellst du überrascht fest, wie sich die Dinge verändern. Wenn wir Vergebung in unserem

Leben zulassen, beginnt unser Körper Akzeptanz und Vertrauen zu reflektieren.

Louise Hay ist eine meiner größten Inspirationen, nicht nur, weil sie meinen Verlag gründete, sondern auch, weil sie ihr Leben und die Welt geheilt hat. Louises berühmtes Buch *Gesundheit für Körper und Seele* ist eine Bibel für mich geworden und ein wichtiger Teil meiner spirituellen Praxis, vor allem bei meiner Arbeit mit Familie, Freunden und natürlich meinen Klienten. Ich habe daraus gelernt, dass unser Körper widerspiegelt, wie wir uns innerlich fühlen, und dass schlechte Gedanken sich als körperliche Krankheit manifestieren können. Seitdem habe ich mit unzähligen Menschen und auch mit mir selbst an der Veränderung meiner Gedanken und Gefühle gearbeitet und habe gesehen, wie sie sich in den Veränderungen meines Körpers widerspiegeln.

Veränderung willkommen heißen

Wie vorher schon erwähnt, war mein Gewicht immer eine Herausforderung für mich. Ich löste das Problem, indem ich mein Gefühl mir selbst gegenüber veränderte und mir verzieh, dass ich dieses Stadium überhaupt erreicht hatte, aber die Reise war damit nicht einfach vorbei. Als ich begann, Gewicht zu verlieren, änderte ich auch etwas anderes, eine alte Gewohnheit, was eine weitere Gelegenheit zu Heilung und Vergebung brachte.

Du zuckst wahrscheinlich zusammen, wenn du das liest (aber das ist schon okay): Ich war süchtig nach süßen Sprudelgetränken. Ich liebte sie – ich konnte pro Tag bis zu sechs Dosen davon trinken! Diese Dosen enthalten irre viel Zucker. Als ich also mit meinem Gesundheitsplan begann, schaltete ich auf Diät-Drinks um, trank aber immer noch sechs Dosen am Tag.

Zuerst war alles gut. Dann passierte etwas Seltsames: Wenn ich trainierte, wenn mir warm wurde oder manchmal auch einfach so, bekam ich am ganzen Körper Ausschlag. Es juckte und machte mich ganz wahnsinnig. Monatelang ging das so.

Ich weiß nicht, warum ich es nicht früher machte, aber schließlich konsultierte ich die Engel. Ich ging in mein Zimmer, zündete eine rote Kerze an und setzte mich im Schneidersitz vor meinen Altar. Ich atmete tief ein, schloss die Augen und begann zu beten: »Danke, Engel, dass ihr mich an eure Anwesenheit erinnert und heute in meiner Meditation zu mir kommt. Ich freue mich, dass ihr da seid.«

Ich begann mich zu entspannen und überließ mich einfach der Erfahrung. Im Geiste sah ich meinen Schutzengel Kamael und meinen Vergebungsengel Joel vor mir stehen. Sie erschienen in Lichtgestalt statt, so wie sonst, in ihrer normalen menschlichen Gestalt. Ich lächelte im Geiste, aber auch mit meinem Körper, weil ich wusste, wie sehr ich geliebt wurde.

Ich sagte zu ihnen: »Danke, dass ihr hier seid und mir offenbart, was ich über meinen Hautausschlag wissen muss.«

Sofort hörte ich klar und deutlich ein einzelnes Wort: »Aspartam.« Mir war auf der Stelle alles klar.

Ich dankte den Engeln, weil sie mir die Botschaft so laut und deutlich gegeben hatten. Eine Zeitlang blieb ich noch in ihrer Anwesenheit, einfach nur, um Heilung durch ihr Licht zu empfangen. Es war ein wunderschöner Moment. Als es vorbei war, sagte ich »danke« und öffnete die Augen. Es ist komisch – wenn ich die Augen schließe und mich mit den Engeln verbinde, fühlt es sich realer an, als wenn ich meine Augen aufmache und zur Erde zurückkomme!

Nach der Erfahrung dachte ich eine Zeitlang über das Geschehene nach. Mir war klar, dass ich an mir arbeiten musste – ich stand vor dem Prozess, eine Sucht zu heilen. Ich weiß noch, dass im Kühlschrank 12 Dosen Diet Irn-Bru (Schottlands beliebteste Orangenlimonade) standen, aber ich war bereit, sie loszulassen. Ich sagte wiederholt die Louise-Hay-Affirmation »Ich bin bereit, mich zu verändern«, und von dem Tag an trank ich keine Getränke mit Süßstoff mehr. Meine Sucht war vorbei, und sie kam auch nicht wieder.

Als ich es meiner Mum erzählte, sagte sie: »Ich habe dir doch gesagt, du sollst nicht so viel von dem Zeug trinken, aber du wolltest ja nicht hören.«

Sie hatte recht – sie hatte es mir tatsächlich gesagt. Um uns zu führen, geben Engel oft unseren Angehörigen und engen Freunden ihre

Stimme. Meistens merken wir es wahrscheinlich gar nicht, ebenso wenig wie sie, aber es besteht durchaus die Möglichkeit, dass unsere Angehörigen uns Führung von oben bringen, wenn sie uns kritisieren.

Will ein Familienmitglied dich ermutigen, eine alte Gewohnheit in Bezug auf Ernährung, Zigaretten oder sonst etwas aufzugeben? Und hast du das Gefühl, sie haben zwar recht, aber es fällt dir schwer, auf sie zu hören? Diese Menschen sind die Boten des Göttlichen und deines Körpers – sie geben dir Gelegenheit, dich an Liebe zu erinnern und zu vergeben.

Es dauerte ein paar Wochen, bis der Ausschlag weg war, aber wenigstens juckte er schon bald nicht mehr. Ab und zu wurde er erneut von etwas ausgelöst – wie an dem Tag, als ich Kaugummi gekaut hatte, und kurz darauf mein Körper schon wieder von roten, juckenden Pusteln übersät war. Ja, auch darin war Aspartam enthalten!

So ging es monatelang – jedes Mal, wenn ich etwas mit diesem chemischen Inhaltsstoff zu mir nahm, flammte der Ausschlag von Neuem auf. Ich studierte akribisch das Kleingedruckte bei allem, was ich zu mir konsumierte, und verdarb mir dabei beinahe die Augen. Mit der Zeit ging ich zu biologischen Süßigkeiten, Säften und dunkler Schokolade über. Ich fand sogar aspartamfreien Kaugummi und glaubte, es überstanden zu haben. Hatte ich aber nicht.

Nach einer Weile bekam ich wieder Ausschlag, aber dieses Mal hatte er etwas mit Hitze zu tun. Wenn ich im Studio trainierte oder einen wirklich anstrengenden Yoga-Kurs absolvierte, reagierte mein Körper auf den Schweiß oder auch auf die Wärme.

Auf jeden Fall war der Ausschlag wieder da, heftiger als je zuvor. Er nagte wirklich an meinem Selbstbewusstsein. Ich hatte gerade 60 Pfund verloren und fühlte mich doch in meinem Körper sehr viel wohler – was hatte ich übersehen?

Ferienheilung

Ich wollte mit meinen Freunden Scott und Sean in Urlaub fahren – eine Woche Mallorca, einfach nur Sonne, Strand und Spaß haben. Wir drei sind große Fans von Club-Musik, und wir sehen uns gerne die größten DJs der Welt live an, also zählten wir die Tage bis zu unserer Reise.

Nur wenige Wochen vor dem Flug war mein Körper in Aufruhr – mein Ausschlag war so schlimm wie noch nie und er flammte ständig von Neuem wieder auf. Ich betete um Hilfe und arbeitete mit Affirmationen, um meine Haut zu reinigen, aber es steckte keine Freude dahinter. Ich war beschämt und frustriert über meinen Körper: Warum tat er mir das an?

Nach einem langen Gespräch beschlossen meine Mum und ich, dass ich zum Arzt gehen müsse. Jeder, der mich kennt, weiß, dass das für mich der letzte Ausweg war. Wenn ich kann, meide ich Ärzte oder Krankenhäuser, weil ich wirklich an unsere Fähigkeit, uns selbst zu heilen, glaube. Und das sage ich, nachdem ich als Kind Monate im Krankenhaus zugebracht habe.

Innerhalb einer Woche bekam ich einen Termin bei meinem Arzt. Es war eine merkwürdige Erfahrung, weil ich ihn seit meiner Schulzeit nicht mehr gesehen hatte. Natürlich war er älter geworden und hatte graue Haare. Er war nett, nahm sich Zeit für mich, und nachdem er mich untersucht hatte, verkündete er: »Das ist Urticaria.«

»Was heißt das?«

Der Arzt erklärte mir, meine Haut sei hochsensibel (also wie ich auch), und er könne mir Antihistamine verschreiben, um sie zu beruhigen. Ich beschloss, mich seiner Behandlung zu beugen und nahm die (riesigen) Tabletten, die er mir verschrieb, sofort ein – ich wollte einfach nur sehen, ob sie halfen.

Ich glaube, zuerst funktionierte es auch. Aber kaum waren wir im Urlaub, begann der Ausschlag schon wieder. Jedes Mal, wenn ich das Shirt auszog, blühte er auf. Es war mir so unangenehm. Aber zum Glück hatte ich ja zwei gute Freunde dabei, die mich auch am Rücken eincremten, wo ich nicht hinkam, und mir sagten, wo der Ausschlag überall blühte. Ich ließ mir jedenfalls nicht den Urlaub davon ruinieren, und als sich mein Körper erst einmal an Wetter, Feuchtigkeit und Klimaveränderung gewöhnt hatte, beruhigte sich die Haut auch wieder.

Wir verbrachten eine großartige Zeit auf Mallorca, und es gab keinerlei Unstimmigkeiten – es war einfach nur schön. Ich war der Entdecker in unserem Trio, während die anderen beiden gerne bis drei Uhr nachmittags schliefen.

Doch der Ausschlag ging nicht weg, und ich bekam einfach nicht heraus, wo er herkam – na ja, ich hätte es schon herausfinden können, aber ich war wohl nicht bereit, es zuzugeben. In meiner spirituellen Praxis hatte ich gelernt, dass Hauterkrankungen immer etwas damit zu tun haben, ob man sich in seiner Haut »sicher« oder »wohl« fühlt, und obwohl ich mein Äußeres verändert hatte, akzeptierte ich mich immer noch nicht ganz.

Es dauerte weitere acht Monate, bis ich das Thema endlich geheilt hatte, und am Ende war es ein natürliches Weitergehen auf meinem spirituellen Weg. Ich machte ständig meine Yoga-Übungen, stärkte meinen Körper und Geist und wurde immer fokussierter und biegsamer. Eines Tages beschloss ich, dass Hot Yoga wäre bestimmt toll wäre. Ich hatte wundervolle Dinge darüber gehört, wie zum Beispiel, dass es einen in der Yoga-Praxis wesentlich weiter bringen würde. Mein Freund Stephen hatte mir vom neuen Studio seiner Tante in Glasgow erzählt. Es hieß Infinity, und ich beschloss, es auszuprobieren.

»Hier wird es heiß«

Mein erster Abend beim Hot Yoga war gekommen. Stephens Tante, Colette, leitete den Kurs. Ich war echt aufgeregt, weil ihre Bewertungen online großartig waren, und ich erfahren hatte, dass sie schon über 20 Jahre Erfahrung als Yogalehrerin hatte. Ich trug ein dünnes T-Shirt und meine Lieblingsyogashorts aus Baumwolle. Im Raum standen etwa 30 Leute seitlich zum Spiegel. Es war ziemlich heiß, und der Kurs sollte anderthalb Stunden dauern!

Colette kam herein. Sie strahlte Energie aus, und sie nannte jeden bei seinem Namen – absolut jeden! Sie gab die Position vor, dann hörtest du nur noch: »Sam, Hacken runter. Lola, Brust öffnen. Jamie, mach weiter – drück stärker – gut korrigiert!« Ich war fasziniert!

Ich kann den Kurs nur als beglückend bezeichnen. Ich habe noch nie in meinem Leben so sehr geschwitzt. Die Hitze war der Wahnsinn. Es war fast 40°C im Raum, aber mit reichlich Wasser und Ermunterung arbeitete ich mich durch die fließenden, stehenden und sitzenden Positionen.

Anschließend fühlte ich mich unschlagbar. Ich grinste von einem Ohr zum anderen. Es war genau die Art von Kurs, nach der ich gesucht hatte, und ich wollte unbedingt damit weitermachen. Ich zog mich um und fuhr nach Hause, um ein Bad zu nehmen – aber als ich mich auszog, stellte ich fest, dass ich Ausschlag am ganzen Körper hatte.

Ich wollte nicht, dass mein neues Hobby schon vorbei war. Nach einem Gespräch mit meiner Mutter, die meinte, es habe sicher daran gelegen, dass ich zu stark geschwitzt hätte, beschloss ich, auf jeden Fall weiter in den Kurs zu gehen. Zwei Tage später buchte ich eine weitere Klasse und ging trotzdem dorthin.

Danach ging ich drei oder vier Mal pro Woche. Ich liebte es sehr und lernte bald alle kennen, die dort arbeiteten. Und aus irgendeinem Grund benahm ich mich im Unterricht immer ein bisschen albern. Eines Abends machte ich den stehenden Bogen, eine Pose, in der du auf einem Bein stehst und den anderen Fuß hinter dir hochziehst, während du dich gleichzeitig nach vorne beugst, so dass du aussiehst wie ein Tänzer. Jamie, der an diesem Abend unterrichtete, sagte: »Tritt den Fuß zurück!«, und ich trat so fest zu, dass ich ihn traf! Die ganze Klasse lachte, als er sagte: »Ich meinte nicht, ›Tritt mich‹, Kyle!«

Manchmal musste ich mich hinlegen und eine Pause machen, während die anderen weiterübten. Mir wurde es oft zu heiß, und ich hatte das Gefühl zu ersticken. Das Top klebte mir am Körper, weil ich so sehr schwitzte, dass ich in Schweiß gebadet war.

Ich beschloss, Privatunterricht bei Colette zu nehmen, weil ich ihren Unterrichtsstil sehr schätzte und respektierte, und ich wusste, sie konnte mir dabei helfen, meine Balance zu verbessern. In einer der Sitzungen erzählte ich ihr, dass mir im Unterricht immer zu heiß wurde, und sie wusste eine Lösung.

Ich kann mich noch sehr gut an den Tag erinnern. Wir saßen mitten im Studio, redeten über meine Balance und bewegten uns durch die Positionen des Absoluten, meiner Lieblingssequenz im Hot Yoga. Ich sagte zu Colette, ich fände den Unterricht sehr anstrengend und hätte immer das Gefühl, in meinem Top zu ersticken. Daraufhin sagte sie: »Nun ja, dann trainiere doch einfach ohne Top.«

Ich blickte sie verwirrt an.

»Du brauchst dich doch nicht zu schämen«, fuhr sie fort. »Ich meine, für wen machst du denn Yoga?«

»Für mich!«, erwiderte ich, und dann fiel bei mir plötzlich der Groschen.

Die Perspektive verändern

In diesem Augenblick dämmerte es mir, dass meine Egostimme mir die ganze Zeit gesagt hatte, jeder würde auf meinen Körper schauen. Ich hatte solche Angst davor gehabt, vor allem, weil ich so einen breiten Brustkorb hatte, dass ich die Tatsache, dass ich nur für mich da war, völlig ausgeblendet hatte. Auch die anderen waren nur für sich da. Die meisten Leute kämpften genauso wie ich mit der Hitze, dem Flüssigkeitsverlust und der richtigen Haltung. Ich oder mein Körper interessierten sie eher weniger.

An jenem Abend fuhr ich nach Hause und meditierte – endlich war ich bereit, mich in meiner Haut wohlzufühlen, und mehr noch, ich war bereit, mir zu vergeben, weil ich mich mit solchen Gedanken gequält hatte.

Ich setzte mich auf mein Bett, schloss die Augen, rief die Engel an und dankte ihnen, dass sie bei mir waren. Dann visualisierte ich die Energie von Maria Magdalena hinter mir. Als ihr schönes rubinrotes Licht vom Kopf bis zu den Zehen über meinen Körper floss, sagte ich im Inneren:

»Mein Körper ist ein Tempel, und ich ehre ihn jetzt.
Nirgends ist es sicherer als in meinem Körper.
Meine Haut schimmert strahlend und stark.
Liebe umgibt mich, Liebe ist in mir.

Das Licht bedingungsloser Liebe geht durch meine Haare,
meine Haut und Knochen.
Danke, Engel, dass ihr mir helft, das Wunder meines Körpers
zu sehen.
Ich bin hier sicher. Ich bin sicher.
Und so ist es!«

In dieser Meditation passierte etwas, weil ich auf einmal das Gefühl hatte, weit offen und gesegnet zu sein. Ich weiß noch, dass ich mich mit nacktem Oberkörper vor den Spiegel in meinem Schlafzimmer stellte, um meinen Körper zu ehren und ihn so zu akzeptieren, wie er war. Diese Haut war heilig, und ich ehrte meinen Tempel, weil mir endlich klar war, dass er das Heim meiner Seele war.

Ich kannte die Theorie bereits, kannte die Worte, aber dieses Mal war es echt. Die Energie der Selbst-Akzeptanz durch Vergebung floss durch mich hindurch. Ich hatte Vergebung als Ganzkörper-Erfahrung zugelassen und sie war mir tief unter die Haut gegangen.

In meiner ersten Stunde nach dieser Meditation unterrichtete uns wieder Jamie. Es war Samstag, 10 Uhr morgens. Absolute Sequenz. Ich wurde an der Empfangstheke mit einem herzlichen Lächeln begrüßt, und nachdem meine Karte abgestempelt worden war, und ich mir zwei frische Handtücher genommen hatte, ging ich in die Umkleide. Ich hatte Shorts und für alle Fälle ein Shirt dabei, aber ich wusste genau, was ich tun musste. Ich trödelte ein bisschen länger als sonst, aber dann ging ich entschlossen nur in Shorts in den Unterrichtsraum.

Auf dem Weg dorthin traf ich Jamie und sagte zu ihm: »Ich trainiere heute oben ohne!«

Lächelnd erwiderte er: »Auf einen tollen Unterricht!«

Genau das musste ich hören.

Der Unterricht war toll, und ich fühlte mich völlig *frei*. Ich dachte nicht einmal darüber nach, was die anderen von mir denken könnten, weil ich viel zu beschäftigt damit war, mich auf die Übungen zu konzentrieren. Mir wurde nicht zu heiß, und ich fühlte mich absolut in meiner Mitte. Am Ende war ich entspannt und hatte alle Angst aus meinem Körper herausgelassen – es war vorbei, die Vergebung war komplett.

Hot Yoga »oben ohne« zu machen wurde mein Ding. Es gehörte zu meinem Ritual, ohne Top in den Unterrichtsraum zu gehen. Aber es vergingen noch ein paar Wochen, bis mir etwas total Wundersames auffiel: Mein Ausschlag war verschwunden. Mittlerweile praktizierte ich fünf bis sechs Mal die Woche Yoga und hatte auch schon wieder mit dem Laufen angefangen – ja, du hast es bestimmt schon erraten, seitdem hatte ich nie wieder Ausschlag.

Ich glaube, mein Körper hat in dem heißen Raum nicht nur gelernt, wie er mit Temperaturveränderungen umgehen muss, sondern auf einer tieferen Ebene hat meine Haut die Vergebung akzeptiert, nachdem ich die wundervollen Veränderungen, die ich im Inneren und im Äußeren gemacht hatte, ehrte. Ich war geheilt.

»Ich dachte, er wäre gut!«

Vor einer Weile erhielt ich diese nette E-Mail von einer Frau, der klarwerden musste, dass der Mangel an Vergebung ihr ganzes Leben, einschließlich ihres Körpers beeinträchtigte.

Hi, Kyle,
ich habe dein Buch mit den Engelgebeten gekauft, und darin lag die »Vergebungs«-Karte. Ich muss zugeben, dass ich damals dachte: Phh, und ich dachte, er wäre gut, aber anscheinend ist er das nicht. Damals glaubte ich nämlich, dass sie nur bedeutete, anderen Leuten zu vergeben, und mir hatte niemand etwas getan.
Doch in den letzten Monaten wurde mir klar, dass ich mir selbst vergeben musste, weil ich in allem, was ich getan hatte, gescheitert war. Mein Geschäft lief nicht, ich war ständig schlecht gelaunt, spielte nie mit meinen tollen Töchtern und nahm in alarmierendem Tempo zu. Aber mir war alles egal, ich hatte einfach das Gefühl, in allem zu scheitern, was ich in Angriff nahm. Dann ging ich vor ein paar Monaten durch den Hauptbahnhof

(dort bin ich sonst nie), und wir sind fast zusammengestoßen. Ich erwarte nicht, dass du dich daran erinnerst, lol, aber es hat mich inspiriert, dein Buch noch einmal zu lesen, und wieder fiel die Karte heraus. Da traf es mich wie ein Schlag! Mir ging es nicht schlecht, weil ich versagt hatte – ich versagte, weil es mir schlecht ging! Also schaute ich mir an, was ich alles falsch gemacht hatte, und dann ließ ich alles los. Ich löste mich von allen Schuldgefühlen aus der Vergangenheit und beschloss, nach vorne zu sehen. Ich habe einen völlig neuen Berufsweg eingeschlagen, der mich glücklicher macht. Ich habe begonnen, Squash zu spielen und bin bei jogscotland eingetreten, und die Mädchen und ich haben im letzten Monat mehr miteinander gespielt als sonst. Ich bin so dankbar für alles, was sich geändert hat – und das alles nur wegen deiner Karte!
Jetzt möchte ich gerne eine private Sitzung bei dir buchen.
Alles Liebe
Lynsey

Zahn versus Wahrheit

Vor etwa einem Jahr sah ich, dass ein Mann, den ich kannte, ständig online etwas über seine Zahnschmerzen postete. Sie schienen einfach nicht wegzugehen. Er hatte solche Schmerzen, dass er nicht schlafen konnte, und er war dadurch auch im Job beeinträchtigt.

Callum spielte in einer Band, hatte aber zusätzlich auch noch einen ganz normalen Tagesjob, deshalb brauchte er alle Energie, die er kriegen konnte. Ich beschloss, ihm meine Hilfe anzubieten, wenn er dafür offen war. Natürlich war es nicht richtig, anderen Leuten die eigenen Ideen aufzudrängen, aber er hatte Interesse an Meditation und anderen Dingen bekundet, die ich gerne poste, wie Tarot zum Beispiel, also schickte ich ihm eine Nachricht.

Er antwortete sofort: »Ich will alles versuchen. Ich habe die stärksten Schmerzmittel genommen, aber gegen diesen Schmerz hilft nichts – ich würde gerne deine Ratschläge hören, Mann. Danke!«

In der Spiritualität wird der Mund vom Hals-Chakra (s. Seite 122) bestimmt, das unsere Fähigkeit repräsentiert, unsere Wahrheit auszusprechen. Wenn wir nicht aufrichtig sind, kann Energie in diesem Bereich des Körpers faulen. Ich wusste von einem früheren Klienten, dass vor allem Zahnschmerzen etwas mit einer schmerzhaften Wahrheit zu tun haben, mit der jemand nicht klarkommt.

Es war sicher zu viel, Callum direkt damit zu konfrontieren, aber ich konnte ihm eine Affirmation zum Thema »Die Wahrheit aussprechen« geben, vielleicht würde er mich dann verstehen. Ich schickte ihm Louise Hays Affirmation für Zähne:

Ich treffe meine Entscheidungen auf der Grundlage des Wahrheitsprinzips, und ich bin ruhig in dem Wissen, dass nur das Richtige in meinem Leben stattfindet.

Am nächsten Tag postete Callum in Facebook, ich hätte ihn von seinen Zahnschmerzen geheilt. Er schrieb, es sei »komplette Magie«, und er habe zum ersten Mal seit Tagen eine Nacht durchschlafen können. Später erzählte er mir, er benutze die Affirmation seitdem jeden Tag, und langsam würden sich Dinge in seinem Leben verändern – und zwar so sehr, dass er mich gerne auf den neuesten Stand bringen wollte. Er und seine Freundin hatten seit Monaten das Gefühl gehabt, dass ihre Beziehung nicht mehr funktionierte, aber keiner von ihnen hatte die Kraft gefunden, es dem anderen zu sagen. Callum fühlte sich zu anderen hingezogen, hatte etwas Beziehung mit einer anderen Frau angefangen, und die gesamte Situation »fraß ihn seit Monaten auf« – interessant, nicht wahr? Mit was isst du? Mit den Zähnen und mit dem Mund.

Nachtragende und giftige Gedanken können sich so leicht als körperliche Beschwerden festsetzen, vor allem, wenn wir uns nicht damit auseinandersetzen. Ich war froh, ihm helfen zu können, und freute mich, als ich hörte, dass sowohl Callum als auch seine Freundin neue Partner gefunden hatten.

Körperpflege

Ich erinnere mich an eine andere schöne Erfahrung, als ich mit einer Frau privat gearbeitet habe. Sie war zu mir gekommen, weil sie wissen wollte, in welche Richtung ihr Leben ging, aber letztendlich bekam sie viel mehr, als sie gewollt hatte.

Mir fiel sofort die Leichtigkeit ihrer Aura-Farben auf, als Jade hereinkam. Sie wirkte wie ein erfolgreiches junges Mädchen. Sie hatte lange, glatte schwarze Haare und eine schlanke Figur. Sie war fast ganz in Weiß gekleidet, mit einem gelben Oberteil. Um ihren Bauch herum hatte sich so viel Energie angesammelt, dass ich wusste, sie hatte in ihrem Leben viel geändert.

Ich wusste auch, sobald ich sie sah, dass sie eine besondere Beziehung zu Kindern hatte – sie musste Lehrerin sein. Sie bestätigte das und erzählte mir, sie habe vor drei Jahren umgeschult.

Als ich Jades Hände auf meine vertrauten Engelskarten hielt, spürte ich die Notwendigkeit für Selbst-Vergebung. Das hatte etwas mit ihren früheren Essgewohnheiten zu tun. Ich konnte fühlen, dass Jade ihre Arbeit gerne und gut machte, aber in Bezug auf ihren Körper war sie mit sich nicht im Reinen. Ihr Körper sehnte sich nach Vergebung und Akzeptanz.

Als ich die Karten mischte, rutschte die Karte »Körperpflege« heraus und landete mit dem Bild nach oben auf dem Tisch. Jade traten die Tränen in die Augen. Ihr wurde klar, warum sie in meinem Büro saß.

Ein Engel trat hinter sie. Ich hätte am liebsten meine Sonnenbrille aufgesetzt – er war so *hell*! Ich sagte Jade, ein Heilungsengel habe den Raum betreten, und er würde sie durch eine Ganzkörper-Vergebung führen.

Dann begann ich, klar über ihr Leben zu sprechen – es war, als habe der Engel diese Information direkt in meinen Kopf heruntergeladen.

»Dein Engel will dir sagen, wie sehr er sich freut, dass du deine alten Essgewohnheiten aufgegeben und Schritte unternommen hast, um dein Leben zu heilen. Er ist glücklich, dass du dich nicht mehr krank machst oder dir das Essen versagst, das dein Körper braucht. Du bist so weit gekommen und erlebst jetzt die Vorteile des gesünderen Lebens. Aber du fühlst dich immer noch energielos, und du hast ungelöste Wut im Bauch, deshalb fällt es dir schwer, Essen zu verarbeiten. Es ist so, als ob dein Körper nicht loslassen könnte, und du fühlst dich frustriert. Du fühlst dich dick, obwohl du weißt, dass du es nicht bist, und du fühlst dich müde wegen der Schwere in deinem Bauch.«

»Woher weißt du das alles?«, stieß Jade hervor. Ihre Tränen fielen auf meinen mattschwarzen Schreibtisch.

»Ich weiß es nicht – dein Engel weiß es.«

Der Solarplexus, der Bauchbereich, ist der Sitz von Wut und Frustration. Durch jahrelange Praxis hatte ich herausgefunden, dass jemand, der wütend über etwas ist, seinen »Mist« aber nicht loslassen kann, es im wahrsten Sinne des Wortes schwierig findet, sein Essen zu verdauen und es auf der Toilette loszulassen.

Ich erklärte Jade die energetischen Verbindungen hinter Verstopfung, und damit konnte sie etwas anfangen.

»Du hast heute die Gelegenheit, deine Vergangenheit für immer zu heilen«, sagte ich zu ihr. Sie wischte sich die Tränen vom Gesicht. »Du hast deine schlechten Gewohnheiten abgelegt und liebst dich genug, um zu essen, aber die wahre Frage ist: Bist du bereit, dir und deinem Körper zu vergeben, weil ihr an der Vergangenheit festgehalten habt?«

»Ja! Ich bin bereit!«

In den folgenden Momenten sah ich eine echte Veränderung bei Jade. Ich sah, wie sie auf einer energetischen Ebene losließ, während ihr Schutzengel um sie herum tanzte und wirbelte, um die Vergangenheit wegzuräumen. Sie befand sich in einem Zustand der Vergebung, und ihr Körper räumte energetisch weg, was sie auf ihrem Weg ins Glück behinderte.

Wir dankten den Engeln gemeinsam, und ich zeigte ihr auf, wie sich ihr Leben vorwärtsbewegen würde, wenn die Vergangenheit erst einmal beiseite geräumt war. An ihrem Lächeln und der Veränderung in ihrem Gesicht sah ich, dass ihre äußere Erscheinung jetzt definitiv die Leichtigkeit widerspiegelte, die sie innerlich empfand.

Als wir fertig waren, wusste ich, dass Jade neue Räume betrat. Deshalb war ich auch nicht überrascht, als ich eine E-Mail erhielt, in der sie mir dankte und schrieb, sie sei jetzt emotional und körperlich frei.

Über all das habe ich mir auf dem Flug von Orlando, Florida, nach JFK, New York, Notizen gemacht.

Verkörpert
Deine Realität ist nicht dein Körper.
Die Wahrheit über das, was du bist, ist mehr als körperlich,
deine Realität ist Seele.
Du bist reiner Geist in einem Körper.
Dein Körper ist das Heim deiner Seele, der Sitz deiner Heiligkeit.
Damit Vergebung »wahr« wird, muss sie verkörpert werden.
Vergebung ist Erinnerung daran, dass du bereits ganz bist – das erstreckt sich auch auf die Haut, in der du steckst.
Stell dir einen wunderschönen Tempel vor,
gekleidet in Gold und erfüllt von Licht.
Im Herzen dieses Tempels steht ein Thron.
Vor dem Thron ist ein Altar aufgebaut.
Auf dem Altar ist das Göttliche,
die Quelle der Schöpfung.
Dein Körper ist dieser heilige Tempel.
Der Altar ist dein Geist.
Und der Sitz des Göttlichen ist dein Herz.
Der Tempel ist nicht vollständig ohne den Altar.
Ein Altar ist nackt ohne seine Quelle.
Vergebung muss verkörpert werden.
Geist erfordert Integration.
Ein Sinn für Gemeinschaft muss im Inneren kultiviert werden.
Akzeptanz deiner Ganzheit muss sich bis in deine Finger- und Zehenspitzen erstrecken.
Einheit beginnt, wenn du dich daran erinnerst, dass das Göttliche hier, in dir, ist!
Heiligkeit ist wiederhergestellt, wenn du deine Augen öffnest und siehst.

Ein rituelles Bad

Ich weiß, dass heutzutage eher geduscht wird, aber einige meiner wichtigsten heilenden Gedanken und Inspirationen sind mir in der Badewanne gekommen. Da es in diesem Kapitel vor allem um das Bewusstsein geht, dass der Körper der Tempel deiner Seele ist, wäre es schön, wenn du dir Zeit nehmen könntest, um deinen Körper mit deiner Seelenessenz zu vereinen. Du könntest zum Beispiel ein Bad nehmen.

Ein rituelles Bad vorzubereiten, ist leicht – du musst nur einen schönen Raum schaffen und etwas benutzen, das dir das Gefühl gibt, deinen Körper mit deinem wahren inneren Du verbinden zu können.

Für meine rituellen Bäder mische ich 10 ml Rosenöl mit 100 ml Bio-Aprikosenöl. Ich vermische es gut, und ich komme mit einer Flasche gute sechs Monate lang hin, wenn ich es sparsam benutze.

Ich zünde Kerzen an und gehe in die Badewanne. Dort lasse ich meine Haut von den Ölen küssen und massiere sie langsam in meinen Körper ein, damit er sich genährt und geliebt fühlt. Wenn ich so nackt in der Wanne liege, fühle ich mich frei. In solchen Augenblicken bin ich eins mit meinem Körper und meiner Seele.

Auch du kannst dir ein rituelles Bad mit Ölen vorbereiten. Zusätzlich kommen hier noch ein paar andere Vorschläge:

▷ Lege deine Lieblingskristalle in das Wasser, bevor du in die Wanne steigst.

▷ Gib Rosenblätter ins Wasser (das mache ich gerne).

▷ Nimm rosafarbenes Himalayasalz, um das Wasser zu segnen.

▷ Zünde deinen Lieblingsräucherduft im Badezimmer an.

▷ Lege eine Gesichtsmaske auf, bevor du in die Wanne steigst.

▷ Spiel deine Lieblingsliebeslieder, während du in der Wanne liegst.

▷ Lass dir von deinem Partner Haare oder Rücken waschen. Du kannst dich auch von ihm massieren lassen.

▷ Tu alles, was dir das Gefühl gibt, geliebt, genährt und sinnlich zu werden.

8
DIE RÄDER DER VERGEBUNG

Dein heiliger Geist legt alles fest, was dir geschieht.

Ein Kurs in Wundern

Chakra ist Sanskrit und bedeutet »Rad«. Es wird benutzt, um die spirituellen Projektionen der Seele in den physischen Körper zu beschreiben. In meinen früheren Büchern habe ich schon über die Chakren geschrieben, hatte aber jetzt das Gefühl, erklären zu müssen, wie sich Vergebung durch das spirituelle Energiefeld bewegt, deshalb hier ein bisschen mehr über diese »Räder der Vergebung«.

Ob die Chakren real sind oder nicht, interessiert mich nicht. Sie geben uns eine Landkarte, mit der wir arbeiten können, und das allein ist wichtig. Es ist eine Karte unseres spirituellen Selbst, und wie es sich in unserem Leben auf körperlichem und emotionalem Level manifestiert.

Es gibt sieben Hauptchakren (und zahlreiche Nebenchakren). Sie sind den physischen Teilen unseres Körpers zugeordnet und haben auch jeweils eine bestimmte spirituelle Bedeutung. Diese sieben Zentren sind wie Türen – sie haben etwas damit zu tun, wie wir Energie empfangen und wie wir sie ausdrücken.

Ich glaube fest daran, dass sich unversöhnliche Energie auf einer körperlichen Ebene ausdrücken und sich in energetischer Hinsicht in einem speziellen Chakra anlagern kann. Wenn wir hingegen vergeben, wird die Energie gelöst und breitet sich aus, weil die Seele die Heilung auf einem äußeren Level beginnen darf. Es ist wirklich ganz faszinierend. Ich gebe hier eine Übersicht der Chakren, wie sich Groll, unversöhnliche und sture Gedanken in ihnen manifestieren können, und wie wir unsere Wahrnehmung verschieben können, um unseren Körper auf einer physischen und emotionalen Ebene zu verändern.

Unsere Chakren beginnen unten an der Wirbelsäule und gehen bis nach oben zum Scheitel. Auch unsere Energie manifestiert sich unten an der Wirbelsäule und geht bis zum Scheitel. Es ist leicht zu verstehen, wie sie funktioniert. Stell dir einen Wasserschlauch mit einem Sprinklersystem vor. Das Wasser dringt durch sieben Löcher. Wenn unten am Schlauch ein Leck ist, sind alle anderen Sprinkler betroffen – und genau das Gleiche gilt für die Chakren. Energie kann sich durch unsere Energiezentren nach unten oder nach oben bewegen, aber sie erreicht nur ihr volles Potenzial, wenn alle ausgewogen sind und korrekt funktionieren.

Chakren sind wie kleine Türen oder Portale – sie öffnen und schließen sich natürlich, wenn wir uns durch unterschiedliche Erfahrungen bewegen. Es gibt jede Menge Ratgeber darüber, wie die Chakren im Gleichgewicht gehalten oder gereinigt werden, aber kaum etwas darüber, wie man sie bewusst öffnet. Wenn ein Bereich meines Lebens ausgeglichen werden muss oder auch nur ein wenig Aufmerksamkeit braucht, konzentriere ich mich auf das relevante Chakra, arbeite durch Vergebung in diesem Bereich und erlaube dem Chakra so, sich zu öffnen, weil sich dann seine Energie in meinem Leben materialisiert.

Hier sind die Chakren.

Das Wurzel-Chakra: *Muladhara*

Muladhara ist ein Sanskrit-Wort, das »Wurzel-Stütze« bedeutet. Dieses Chakra befindet sich unten an der Wirbelsäule. Es ist verbunden mit der Energie um das Rückgrat. Auf physiologischer Ebene hat es etwas mit der unteren Wirbelsäule, dem Becken, den Beinen und den Füßen zu tun. Die Farbe, die es repräsentiert, ist ein wunderschönes Rot.

Die Energie dieses Zentrums betrifft und wird betroffen von

➢ unsere(r) physischen Gesundheit
➢ unsere(r) Gemeinschaft und unsere(r) Familie
➢ unser(em) Heim und unsere(r) Sicherheit
➢ unsere(r) Erdung.

Wäre das Wurzelchakra in der Natur, wäre es die Erde, in die die Samen gepflanzt werden. Es ist der Boden, in den alles gepflanzt wird. Deshalb ist es so wichtig, sich dieses Chakras bewusst zu sein. Es ist der Bereich meines Lebens, den ich ständig überprüfe – ich trage sogar das Symbol des Wurzelchakras um das Handgelenk und nehme es nie ab.

Wird die Energie des Wurzelchakras blockiert, kann das eine Reihe von Problemen verursachen, weil durch dieses Chakra die anderen Chakren mit Energie versorgt werden. Wenn dieser Bereich deiner Welt Aufmerksamkeit braucht, kümmere dich sofort darum. Du solltest alle Probleme hier zuerst klären.

Wir kennen alle jemanden, der gebeugt durchs Leben läuft, als trage er die Last der Welt auf den Schultern, oder? Es klingt zwar verrückt, aber das ist der Fall, wenn sich so viel Energie im Wurzelchakra aufgebaut hat, dass sie dort Probleme bereitet.

Es ist interessant, dass die meisten Leute mit Rückenschmerzen Probleme haben mit Sicherheit, Heim, Familie oder der Fähigkeit, auf dem Boden zu bleiben. Diese Bereiche ihres Lebens brauchen ihre Aufmerksamkeit, aber sie schieben sie immer wieder beiseite – und leiden dadurch noch mehr.

Vergebung durch das Wurzelchakra hilft uns dabei, das Fundament unseres Lebens zu akzeptieren – schließlich hat es uns zu der Person gemacht, die wir sind, und wir können von dort aus wachsen.

Die Energie des Wurzelchakras bedeutet, dass wir auf liebevolle Weise unseren Standpunkt vertreten müssen, und sie erinnert uns daran, dass es okay ist, nein zu sagen, wenn wir anderen nicht helfen können. Dieses Zentrum kann einen Energiestau oder ein Leck bekommen, wenn wir uns nicht um unsere eigene Sicherheit kümmern oder die der anderen immer an erste Stelle setzen.

Dieses Energiezentrum ruft uns auf, Gedanken von Mangel und Beschränkung loszulassen – es erinnert uns daran, dass wir in einer nachhaltigen Welt leben, in der es genügend Mittel gibt, um uns und die, die uns nahestehen, zu versorgen. Das Element, das dieses Chakra bestimmt, ist Erde, und wir können das Chakra kräftigen, indem wir es mit diesem Element durch Mutter Natur verbinden.

Vergebung und das Wurzelchakra

Bevor du dieses Zentrum öffnest, damit aufgestaute Energie abfließen kann, und dein Leben im Gleichgewicht ist, solltest du die mit diesem Chakra verbundenen Bereiche deines Lebens betrachten, die deiner Vergebung bedürfen.

Dein Fundament

Denk an deine Gemeinschaft, die Personen, die dir nahestehen, deine Familie. Gibt es in dieser Welt Bereiche, in denen du an Vergebung arbeiten könntest? Waren deine Eltern wenig da? Gab es einen Mangel an finanzieller Unterstützung oder Sicherheit in deiner Kindheit und Jugend? War ein Elternteil (oder sogar beide) gar nicht da? Das ist dein Fundament.

Die Engel, die das Wurzelchakra regieren, kommen zu dir, wenn du dich darauf vorbereitest, dieses Zentrum zu öffnen, und erinnern dich daran, dass dies der Boden deines Lebens ist. Wenn du dich umschaust, kannst du sehen, wie andere die Samen ihres Lebens gepflanzt und Blumen zum Blühen gebracht haben. Dies ist deine Chance, deinen Boden so vorzubereiten, damit du das säen kannst, was als nächstes in deinem Leben passieren soll.

Deine Gesundheit

Wenn du in deinem Leben gesundheitliche Probleme gehabt hast oder gerade jetzt dein physischer Körper nicht gesund ist, dann solltest du dir überlegen, ob du einen Groll oder eine Frustration in diesem Bereich nicht bearbeitet hast.

Die Engel des Wurzelchakras erinnern dich daran, dass du alles Recht hast, hier auf dieser Erde zu sein. Das kann dir niemand nehmen. Diese schönen Engel mit rubinroter Aura helfen dir, dir ins Gedächtnis zu rufen, dass dein Körper auf dein mental-spirituelles Selbst reagiert. Du musst dir die Zeit nehmen, dich an deine spirituelle Ganzheit zu erinnern, und damit ermutigst du deinen physischen Körper, das widerzuspiegeln.

Mit der Erde verbinden
Nachdem du dich durch die Bereiche des Wurzelchakras gearbeitet hast, die deine Vergebung erfordern, hast du eine wunderbare Gelegenheit, dem Element, das dieses Chakra verkörpert, Vergebung anzubieten. Die Engel der Erde und des Wurzelchakras versammeln sich während dieses Prozesses um dich und helfen dir hindurch.

Du musst dafür nicht unbedingt nach draußen gehen (vor allem, wenn es dann für dich gerade nicht machbar ist), aber wenn es geht, würde ich es dir doch empfehlen. Gehe irgendwohin und verbinde dich mit der Natur – setze dich auf eine Wiese, in den Sand oder in den Wald und atme tief den wundervollen Planeten ein, auf dem wir leben. Ziehe die Erde mit jedem Atemzug näher an dich heran. Lasse deine Gedanken fließen und lasse dich von der Mutter unter dir halten.

Verbringe so viel Zeit damit, wie du brauchst. Ich finde es (beim Sitzen) immer hilfreich, meine Hände in die Hüften zu stemmen und mich, gerade aufgerichtet, herunterzudrücken. Dann lasse ich den Druck von meinen Händen in den Boden gehen. Im Geiste sehe ich, wie die Erde den Widerstand in fruchtbaren Boden verwandelt, der für das Wachstum anderer lebender Wesen benutzt wird.

Hier ist ein Gebet:

> *»Danke, Mutter Erde und Engel des Planeten, dass ihr mir die Energie bringt, die mir ein Gefühl der Ausgeglichenheit, des Geerdetseins und der Sicherheit gibt.*
> *Ich erlaube meinem Wurzelchakra jetzt, allen Widerstand gegen Vergebung in den Bereichen meines Lebens, die für mich meine körperliche Gesundheit, meine Sicherheit, meine*

Gemeinschaft, meine Angehörigen und meine Familie in Frage stellen, loszulassen.

Ich akzeptiere jetzt die ausgleichende Energie der Erde und erlaube ihr, sich in mein Wurzelchakra zu bewegen, den Punkt in meinem Körper, der mich stark, geerdet und mit allem verbunden hält, das in perfekter Harmonie ist.

Ich bin dankbar für dieses Gleichgewicht. Ich bin sicher hier in meinem Körper. Ich erlaube diesem Zentrum, sich zu öffnen und so zu bewegen, wie es für meinen Weg am besten ist.

Und so ist es!«

Das Sakralchakra: *Svadisthana*

Svadisthana ist Sanskrit für »der eigene Ort«. Es liegt zwischen Schambein und Nabel. Es ist verbunden mit dem Fluss des Lebens und dem Vertrauen in ihn. Da dieser Bereich mit Vertrauen zu tun, hat er auch etwas mit dem heiligsten Aspekt unseres Körpers und unseres Lebens zu tun: unserer Sexualität. Auf körperlicher Ebene hat er zu tun mit unseren Genitalien, unserem Reproduktionssystem – innen und außen. Die Farbe des Sakralbereichs ist hell orange.

Die Energie dieses Zentrums betrifft und wird betroffen von:

➢ unsere(r) Sexualität und sexuelle(n) Gesundheit
➢ unsere(n) Beziehungen
➢ unser(em) Reproduktionssystem
➢ unsere(n) Finanzen
➢ wie wir mit dem Leben fließen.

Wenn unser Sakralchakra sich in der Natur befände, wäre es das Wasser, das die Erde nährt, in der sich unsere Pflanzen befinden. Es spielt eine große Rolle im Erhalt des Lebens.

Wenn die Energie des Sakralchakras blockiert wird, kann sie unser Leben, vor allem unsere Beziehung mit uns selbst, sehr beeinträchtigen. Das kann zum Beispiel geschehen, wenn wir unser sexuelles Selbst ignorieren. Vielen ist dieses Thema peinlich – das ist beinahe so, als schämten wir uns für uns selbst! Wir schließen uns in uns selbst ein, haben Angst, uns so zu zeigen, wie wir wirklich sind, und unser Sakralchakra wird unausgeglichen und sendet chaotische sexuelle Wünsche aus. Aber wir sind nun mal sexuelle Wesen – ohne Sex würden wir gar nicht existieren –, und es ist wichtig, diesen Aspekt unseres Selbst wertzuschätzen. Sexuelle Momente können als spirituell betrachtet werden, ganz gleich, ob du alleine mit dir bist oder mit jemandem, den du liebst.

Das Sakralchakra ist das Zentrum der spirituellen Anatomie, das uns erlaubt, uns mit uns wohlzufühlen. Es ist das Energiezentrum, mit dessen Hilfe wir sehen, dass wir sexuelle Wesen sind, und dass Sex etwas Wunderschönes ist, vor allem, wenn wir ihn mit Respekt behandeln.

Wenn eine Person eine schwierige sexuelle Erfahrung im Leben hatte, scheint sich das Muster immer wieder zu wiederholen. Ich bin bei meiner Tätigkeit vielen Menschen begegnet, die in Beziehungen sexuell missbraucht worden sind, und das hat sich wie ein roter Faden durch ihr Leben gezogen. Eine solche Erfahrung beeinträchtigt nicht nur die Beziehungen zu anderen, sondern auch zu sich selbst. Die meisten Menschen, die sexuell schlecht behandelt oder sogar missbraucht worden sind, schämen sich deswegen, manchmal sogar so sehr, dass sie sich selbst die Schuld für die Erfahrung geben. Aber Vergebung durch das Sakralchakra hilft uns, unser sexuelles Selbst zu akzeptieren, und erlaubt uns, den inneren Tempel zu betreten. Das Sakralzentrum hilft uns, daran zu denken, dass wir geachtet und erfreut werden sollten, dass jedoch auch wir Respekt und Freude geben können. Es fordert uns und unsere Beziehungen heraus, damit wir die loslassen, die uns nicht dienen, und die wertschätzen, die heilig sind.

Es fordert uns auch auf, unser spirituell-sexuelles Selbst zu erforschen, und hilft uns zu erkennen, dass diese Bereiche miteinander verbunden sind. Wir sollen erkennen, dass der göttliche Schöpfer in jeder Frau und jedem Mann zum Ausdruck kommen kann. Wenn dieser Aspekt in uns ausgewogen und akzeptiert ist, kann unser Leben fließen und mit Leichtigkeit ausgedrückt werden.

Das mit dem Sakralzentrum verbundene Element ist Wasser, was dich vielleicht überrascht, zumal die damit verbundene Farbe Orange ist. Der Hauptgrund dafür ist, dass die Reproduktionsflüssigkeiten auf Wasser basieren, wie zum Beispiel das Fruchtwasser im Mutterleib.

Es gibt eine Verbindung zwischen unserem sexuellen Selbst und unserer finanziellen Sicherheit, weil sie beide unsere Flüssigkeit widerspiegeln – können wir ausgewogen geben und erhalten?

Vergebung und das Sakralchakra

Bevor du das Sakralchakra öffnest, damit die aufgestaute Energie austreten kann, solltest du die Aspekte deines Lebens und deines spirituellen Wachstums betrachten, da sie beim Ausbalancieren dieses Zentrums ebenso wie die Aspekte dieses Chakras, das deine Vergebung braucht, geändert werden.

Dein sexuelles Selbst

Dich mit deinem sexuellen Selbst zu verbinden, ist ein wichtiger Teil der Vergebung, den man leicht übersehen kann. Hast du dir sexuelle Lust versagt oder hat dein Partner sie dir versagt? Hat dich jemand in der Vergangenheit sexuell schlecht behandelt? Hast du das Gefühl, du kannst dein sexuelles Selbst nicht ausdrücken? Hattest du eine Fehlgeburt oder eine Abtreibung, oder bist du auf andere Weise eines Kindes beraubt worden? Hast du deine Sexualität nicht mit einem nahen Menschen geteilt? Oder ist dein Sexualtrieb zu stark? Hattest du (in deinen Augen) zu viele Sexualpartner? Dieses Chakra ruft dich auf, diese Bereiche zu betrachten und zu vergeben. Denk daran, die Vergangenheit kannst du nicht ändern, du kannst nur deine Haltung ändern, und wo du jetzt dazu stehst.

Die Engel des Sakralchakras lassen dich wissen, dass sie sich freuen, wenn du einen aufrichtigen intimen Moment mit dir selbst oder einem Partner hast, weil du dann ausdrückst, wer du bist, und einen Teil deines Menschseins nährst, der leicht vergessen wird.

Deine Finanzen

Das Universum will, dass du im Leben finanziell gesichert bist. Die Energie des Sakralzentrums ist verbunden mit unendlichem Überfluss, und du darfst ihn annehmen. Wenn du in der Vergangenheit finanzielle Probleme hattest oder sie gegenwärtig hast, dann ruft das Sakralzentrum dich auf, sie zu ergründen und ihnen jetzt zu vergeben. Ob du Schulden gemacht oder sie geerbt hast, jetzt ist der richtige Zeitpunkt, um deine Sicht auf deine Finanzen zu ändern. Ob du zu gierig oder zu bedürftig warst, ob du zu viel oder nicht genug hattest, das Sakralchakra zieht dich aus deiner Kontrollhaltung. Vergebung wird dir helfen, Versorgung, Gleichgewicht und Fluss in den Finanzen auszudrücken.

Verbinde dich mit Wasser

Unermesslich, reichlich und fließend – Wasser ist das Element, das das Sakralchakra bestimmt und sein natürliches Gleichgewicht wiederherstellt. Da du nun den Bereichen, die von diesem Chakra bestimmt werden, Aufmerksamkeit geschenkt hast, um sie mit Vergebung zu bearbeiten, solltest du dich mit den Engeln und dem Element Wasser verbinden, damit die heilende Energie durch dein Leben fließen kann.

Zur Verbindung mit dem Element Wasser, damit sich dein Sakralchakra öffnet, für die Engel empfänglich ist und Energie ausgleicht, gibt es zwei Optionen. Die eine ist ein Bad. Gib reichlich Meersalz hinein und tauche ein in die warme, stützende Energie. Lass dich vom natürlichen Element Wasser umfangen, damit es seine heilende Wirkung auf natürliche Weise entfalten kann.

Die andere Option ist es, dich mit den Füßen ins Meer zu stellen. (Achte darauf, dass es an einer sicheren Stelle ist, und wenn das Wasser kalt ist, pass auf deine Durchblutung auf.) Breite die Arme weit aus und verbinde dich mit der großen Energie des Meeres.

Hier ist ein Gebet:

>*»Ich danke dir, großes Wasser, und deinen Engeln, dass ihr mich zu einer heilenden, stützenden und ausgleichenden Welle des Friedens bringt.*

Ich erlaube jetzt meinem Sakralzentrum, allen Widerstand gegen Vergebung in den Bereichen meiner Sexualität, Beziehungen und des Geldflusses aufzugeben.

Ich akzeptiere jetzt die ausgleichende Energie des Wassers und erlaube ihr, in mein Sakralzentrum einzudringen, den Punkt in meinem Körper, in dem sich ein heiliger Tempel befindet, den ich durch mein spirituelles und sexuelles Selbst ausdrücken kann.

Ich bin dankbar dafür, frei und fließend zu sein. Ich fühle mich sicher in dem, was ich bin, und ich erlaube diesem Zentrum, sich zu öffnen und sich auf die Arten zu bewegen, die für meinen Weg am besten sind.

Und so ist es!«

Das Solarplexus-Chakra: *Manipura*

Manipura ist Sanskrit und bedeutet »schimmernder Edelstein«. Dieses Chakra befindet sich im Bauch, oberhalb des Nabels. Es ist verbunden mit deiner Willenskraft und deinem Antrieb, und es ist faszinierend, weil es wie eine große Sonne mitten in unserem Körper sitzt und hell gelbgolden leuchtet. Auf körperlicher Ebene hat es mit unserem Verdauungssystem zu tun.

Die Energie dieses Zentrums betrifft und wird betroffen von:

➢ unsere(r) Willenskraft
➢ unser(em) Streben nach Erfolg
➢ unsere(r) Vitalität
➢ unser(em) Verdauungssystem.

Wäre unser Solarplexus-Chakra in der Natur, wäre es die Sonne, die die Pflanzen wachsen lässt. Es ist die Feuerenergie, die Wärme bringt, und die Pflanzen nach dem Licht streben lässt.

Wenn die Energie des Solarplexus-Chakra blockiert ist, hat das eine immense Hitze im Energiesystem zur Folge, die uns wütend, erregt und schwierig im Umgang macht. Hattest du jemals das Gefühl, vor Wut explodieren zu können? Oder müde zu sein und doch nicht zur Ruhe zu kommen, weil du einfach zu aufgeregt bist? Hattest du jemals das Gefühl, dass dich schon die kleinste Kleinigkeit auf die Palme bringen oder dich sogar ausrasten lassen kann? An solchen Tagen steht auch dein Solarplexus-Zentrum kurz vor der Explosion – es hat zwar viel Energie aufgebaut, sie fließt aber nicht.

Interessant ist auch, dass wahrscheinlich dein Magen in Aufruhr ist, wenn du nervös bist. Dein Darm ist gereizt, und du musst ständig zur Toilette – das ist deine Solarplexus-Energie (deine Willenskraft), die aus dir heraus sickert.

Wenn der Solarplexus nicht ausbalanciert ist, ist unser Antrieb zum Erfolg ebenso erschöpft wie unsere Vitalität. Vergebung durch das Solarplexus-Chakra hilft uns jedoch loszulassen, wenn wir das Gefühl haben, nicht genug getan zu haben. Es stärkt unseren Willen, wenn es darum geht vorwärtszukommen.

Der Solarplexus ist der Bereich des Körpers, der an so vielem festhalten kann, was wir nicht brauchen – vor allem, wenn wir das Gefühl haben, versagt zu haben. Dieses Energiezentrum fordert uns auf, nicht über vergangene Fehler zu grübeln und das Licht in unserer Gegenwart zu sehen, um positivere, erfreulichere Erfahrungen anzuziehen.

Der Solarplexus fordert uns auf zu erkennen, dass wir unseren eigenen Erfolg erschaffen können, indem wir anerkennen, wo wir heute stehen. Er hilft uns, den Sonnenschein in unser Leben aufzunehmen und die Wärme der positiven Entscheidungen, die wir bisher getroffen haben, wirklich zu erleben.

Das Element dieses Chakras ist Feuer, und wir können dieses Zentrum kräftigen, indem wir uns durch Flammen und Hitze mit diesem Element verbinden.

Vergebung und das Solarplexus-Chakra

Bevor du die Energie des Solarplexus loslässt, musst du die Bereiche deines Lebens betrachten, in denen du dich leer und frustriert fühlst. Erlaube dir selbst, anders über deine Entscheidungen zu denken und vergib dir Fehler aus der Vergangenheit, bevor du die Energie der Sonne herunterziehst, damit du wieder hell leuchten kannst.

Deine Willenskraft und dein Antrieb

Es ist wirklich wichtig, dass du dir einmal ansiehst, wie du dich und deinen Erfolg misst. Wenn du das Gefühl hast, nicht hart genug gearbeitet zu haben oder, in dieser Hinsicht ein totaler Versager zu sein, ist es lebenswichtig, dass du deine Wahrnehmung verschiebst und Heilung schaffst. Wenn du dich selbst für ineffektiv oder machtlos hältst, dann trägt das noch zu deinen Problemen bei. Um positive Veränderungen in deinem Leben zu bewirken, musst du wissen, dass du eine mächtige Quelle der Kraft in dir hast. Vergib dir deine vergangenen Fehler und deinen Mangel an Antrieb – es ist nie zu spät!

Deine Vitalität

Wenn du unter Energiemangel gelitten hast oder noch leidest, und deshalb frustriert bist, ist es Zeit, dass du dich veränderst. Viele Menschen können es kaum glauben, aber Gesundheit ist unser natürlicher Zustand. Dein Körper ist von Natur aus gesund. Wenn du dich müde, unruhig und nervös fühlst, dann liegt das an anderen Faktoren, die zu deiner Erschöpfung beitragen.

Um deine Vitalität wiederherzustellen, musst du ehren, was dein Körper dir sagt. Wenn du nach einer Mahlzeit am liebsten sofort schlafen gehen möchtest, dann teilt dein Körper dir mit, dass er das Essen nicht mag, Vergib dir all die Zeiten, in denen du die natürlichen Zeichen und Rhythmen deines Körpers ignoriert hast.

Verbinde dich mit Feuer

Da dein Solarplexus vom Element des Feuers bestimmt wird, kannst du mit seiner Kraft jeden verbitterten Gedanken, jede schädliche Energie und jeden Rückschlag wegbrennen. Du kannst auch die Engel des Feuers anrufen und die Engel der Sonne (Sonnenkraft), um deinem Körper und deinem ganzen Leben die reinigende Kraft der Vergebung zu bringen.

Du ziehst am leichtesten Feuer in deinen Körper, wenn du den Sonnenschein genießt. Ein Tag in der Wärme der Sonne versorgt den Körper mit all seinen heilenden Qualitäten. Wenn du Gelegenheit hast, ein Sonnenbad zu nehmen, stell dir vor, dass sich das Sonnenlicht in deinen Bauch bewegt. Sieh, wie es wie durch ein Wunder, alle Dunkelheit, Frustrationen und Wut vertreibt und dir erlaubt, klar und deutlich deinen Willen zu äußern. Wie du sicher weißt, ist die Sonne ein positiver Himmelskörper – Sonnenlicht löst chemische Glücksreaktionen in unserem Gehirn aus, und wir fühlen uns einfach gut, wenn wir in der Sonne sind. Auch deine spirituelle Anatomie kann sie ausgleichen.

Hier ist ein Gebet:

> »Danke, Sonnenenergie und Sonnenengel, dass ihr mir positive, glücklich machende Lebenskraft schickt.
> Ich erlaube jetzt meinem Solarplexus-Chakra, allen Widerstand gegen Vergebung der Ziele, die ich bis jetzt nicht erreicht habe, aufzugeben. Ich akzeptiere jetzt die inspirierende Energie des Feuers, weil ich weiß, es treibt mich vorwärts, so dass ich meine persönlichen Ziele in Erfolge verwandeln kann.
> Mir ist klar, dass mein Glück nicht von äußeren Errungenschaften abhängt, sondern von innerem Gleichgewicht, und ich akzeptiere jetzt meinen natürlichen Zustand des Wohlseins.
> Ich bin dankbar für die Inspiration meiner Engel und möchte auch andere inspirieren. Ich leuchte hell und breite meine Flügel auf diesem Weg aus.
> Und so ist es!«

Das Herz-Chakra: *Anahata*

Das Herz-Chakra ist die Mitte der spirituellen wie der physischen Anatomie. Es ist der Raum, mit dem wir alle verbunden sind. Wir erkennen es nur selten an.

Anahata ist ein Sanskrit-Wort, das »des nicht angeschlagenen Tones« bedeutet, was sich auf die spirituelle Annahme bezieht, dass das Herz nie gebrochen werden kann. Das Herz-Chakra ist verbunden mit der Farbe Grün und auch Rosa. Auf körperlicher Ebene hat es mit dem Herzen, der Brust und den Atemorganen zu tun.

Das Herz-Chakra betrifft und wird betroffen von:

➤ Nächstenliebe und Dienen
➤ Liebe geben und empfangen
➤ unsere(r) Verbindung zur Liebe
➤ unseren/m Herzmuskel
➤ wie wir uns selbst sehen.

Wenn unser Herz-Chakra in der Natur wäre, wäre es die Luft, die wir atmen, um uns am Leben zu erhalten. Es wäre auch die Luft, die die Blütenpollen von einer Pflanze zur anderen trägt.

Wenn die Energie des Herzens blockiert ist, kann sie uns von unserem natürlichen Zustand der Liebe und liebevoller Unterstützung anderer trennen. Wir sind liebende Wesen, und es ist natürlich für uns, Liebe auszudrücken und zu empfangen, aber die meisten lassen nur das Eine oder das Andere zu. Es gibt Menschen, die so viel geben, dass sie sich sogar den linken Arm abhacken und jemand anderem geben würden, und andere nehmen immer nur.

Das Herz-Chakra ist das Zentrum, das die meiste Liebe braucht, um im Gleichgewicht zu bleiben, weil wir dort alles am stärksten fühlen. Interessanterweise sind die meisten Menschen, die allein oder in schwierigen Beziehungen leben, in der Vergangenheit verletzt, im Stich gelassen oder betrogen worden. Es ist beinahe so, als ob das Herz sich in sich zurückgezogen hätte und liebevolle Zuwendung abblocken würde.

Vergebung durch das Herz-Chakra hilft uns, Herzschmerzen zu überwinden und unsere Ganzheit zu akzeptieren. Indem wir tief ein- und ausatmen vertreiben wir die Traurigkeit, die uns bei unserer Reise in die Liebe im Weg steht.

Die Herz-Chakra-Energie fordert uns auf, die Liebesenergie in unserem Leben auszubalancieren. Wir können uns so geben, wie wir sind, und das Vertrauen haben, andere in unserer Welt willkommen zu heißen. Da Vergebung durch das Herz-Chakra stattfindet, wird unsere Fähigkeit zu geben und zu empfangen ausgeglichen, und das geht über Beziehungen hinaus.

Das Energiezentrum fordert uns auf, die Illusion loszulassen, jemand habe uns unsere Güte und unser Vertrauen genommen. Es erinnert uns daran, dass es für uns natürlich ist, zu lieben und anderen zu vertrauen, aber nur, wenn wir im Gleichgewicht *mit uns selbst* sind.

Das Element dieses Chakras ist Luft, und wir können es stärken, indem wir uns mit der wundervollen frischen Luft draußen verbinden oder Räucherstäbchen abbrennen.

Vergebung und das Herz-Chakra

Bevor du das Herz-Chakra öffnest, damit aufgestaute Verletzungen, Groll und unausgeglichene Energie gelöst werden können, solltest du die Bereiche betrachten, die mit dem Herz-Chakra verbunden sind und deiner Vergebung bedürfen.

Deine Fähigkeit zu dienen

Dienen ist ein natürlicher Aspekt der Seele. Anderen zu helfen, sie zu unterstützen und zu führen, ist definitiv ein Teil deines göttlichen spirituellen Zwecks. Das sollte jedoch nicht bedeuten, dass du jeden Aspekt deiner selbst aufgibst. Dienen beginnt mit dir selbst.

Wenn du die heilende Kraft der Vergebung in dein Herz-Chakra bringst, ist es wichtig, dir zu sagen, dass es okay ist, wenn du andere Leute und ihre Reise an die erste Stelle gestellt hast. Jetzt ist es an der Zeit, dir zu vergeben, dass du andere Bedürfnisse vor deine gestellt hast. Die Engel sagen dir, dass du mit dem Wissen, das du hattest, das Beste getan hast, was du konntest. Aber jetzt ist es Zeit, dir selbst zu dienen durch Vergebung und ein Leben im Gleichgewicht. Wenn das so ist, kannst du auch anderen dienen durch deine natürliche Fähigkeit, freundlich und liebevoll zu sein.

Deine Beziehungen

Wenn du die Beziehungen zu deinen Eltern, Kindern oder Partnern als problematisch empfunden hast, ist es jetzt Zeit zu vergeben. Dein Herz-Chakra kann sich schließen, wenn du Liebe zurückhältst oder daran denkst, wie eine andere Person dich im Stich gelassen hat. Zu erkennen, dass Menschen einander nur dann verletzen, wenn sie die

Liebe vergessen haben, kann dir helfen zu sehen, warum es wichtig ist, dein Herz wieder zu öffnen und Liebe fließen zu lassen.

Die Engel der Beziehungen kommen dann zu dir mit ihrer schönen, heilenden grünen Aura und helfen dir zu erkennen, dass die Probleme deiner vergangenen Beziehung nicht deine Fähigkeit bestimmen, zu lieben und geliebt zu werden. Du wirst auch erkennen, dass du, je mehr du dich selbst lieben und dir vertrauen kannst, umso mehr in der Lage bist, die Liebe anderer zuzulassen. Daraus kannst du Vertrauen ziehen.

Verbinde dich mit der Luft

Da du dich nun durch jeden, mit dem Herz-Chakra zusammenhängenden Bereich gearbeitet hast, der Vergebung erfordert, hast du die perfekte Gelegenheit, allen Widerstand gegen diese Vergebung zu lösen. Wenn du das Element Luft in dein Herz lässt, werden die Engel des Herz-Chakras dir helfen, dein Herz zu öffnen, und deine natürliche Fähigkeit wiederherstellen, Liebe zu geben und zu empfangen.

Du solltest draußen in der frischen Luft meditieren. Such dir eine bequeme Stelle aus, wo du nicht so oft unterbrochen wirst.

Wenn du nicht hinausgehen kannst, gibt es eine wundervolle Alternative: Räucherstäbchen. Wickle dich in eine kuschelige Decke und zünde deinen Lieblingsräucherduft in einem feuerfesten Gefäß an. Lass deinen Körper von dem Rauch umhüllen, vor allem dein Herz-Chakra.

Ganz gleich, wo du meditierst:

- ➤ Schließe die Augen.
- ➤ Atme tief ein und stell dir dann vor, dass du beim Ausatmen alles von dir gibst, was dir nicht mehr dient. Mach dies etwa 10–20 Atemzüge lang.
- ➤ Wenn ich das mache, stelle ich mir vor, dass ich Licht einatme und dann jegliche Dunkelheit aus meinem Herzen und Körper ausatme – stellvertretend für das Ausstoßen alles Negativen in meinem Körper. Vielleicht magst du es ja genauso machen.

Hier ist ein Gebet;

>>*Ich danke euch, Engel des Herzens und des Elements Luft,
weil ihr Heilung und Gelassenheit ins Zentrum meines Seins
bringt.*
*Ich erlaube meinem Herz-Chakra, allen Widerstand gegen die
Bereiche meines Lebens aufzugeben, die mich davor zurückhalten, Liebe zu geben und zu empfangen und Vertrauen zu
erfahren. Ich akzeptiere jetzt die ausgleichende Energie der Luft
und erlaube ihr, durch mein Herz-Chakra zu gehen, den Punkt
in meinem Körper, der mich eins macht mit jedem lebenden
Wesen und der Energie bedingungsloser Liebe.*
*Ich bin dankbar, in perfekter Liebe und perfektem Vertrauen
Liebe geben und empfangen zu können. Ich erlaube mir, der
ganzen Menschheit von Nutzen zu sein.*
Und so ist es!<<*

Das Hals-Chakra: *Vishuddha*

Das Sanskrit-Wort *Vishuddha* bedeutet >>Reinigung<<, und dieses
Energiezentrum befindet sich am Hals und an der Schilddrüse. Es ist
verbunden mit der Energie, die es uns erlaubt, unsere Kreativität auszudrücken und unsere Wahrheit auszusprechen. Die Farbe dieses Chakras ist ein helles Blau.

Die Energie dieses Chakras betrifft und wird betroffen von:
- unsere(r) Fähigkeit, aufrichtig zu sein
- unsere(n) kreativen Fähigkeiten
- unsere(n) Emotionen
- unsere(r) Stimme.

Wäre unser Hals-Chakra in der Natur, so wäre es die Vögel, die am
Himmel zwitschern. Und bei unserer Pflanzenanalogie wäre es der
Raum, den die Pflanze einnimmt, und der ihr erlaubt zu blühen.
Ist die Energie des Hals-Chakras blockiert, kann das ein echtes

Gefühl von Frustration zur Folge haben. Das liegt daran, dass im Hals all unsere Emotionen ausgedrückt werden. Du kennst das aus persönlicher Erfahrung: Wenn dich etwas rührt, schnürt es dir die Kehle zu.

Wir alle waren schon einmal übermäßig emotional. Wir wissen, wie es ist, wenn uns etwas wirklich aufregt. Das ist ein Gefühl, als ob jeden Moment ein Vulkan ausbrechen könnte. Die Energie steigt über die Wirbelsäule auf und bricht mit einem Schrei aus dir hervor. Unser Schmerzempfinden wird über den Mund ausgedrückt: Das ist das Hals-Chakra.

Umgekehrt kann dieses Zentrum auch an Energie verlieren, wenn wir uns unsere wahren Gefühle über etwas nicht eingestehen, und das kann zwischen uns und unserem kreativen Selbst stehen.

Vergebung durch das Hals-Chakra hilft uns zu akzeptieren, wer wir wirklich sind, und unsere Wahrheit zu sagen. Dabei sind wir aufgefordert, ehrlich mit uns selbst und anderen zu sein, bezüglich dem, was wir sind und was wir wollen.

Das Hals-Chakra fordert uns also auf, alle Gedanken der Nicht-Akzeptanz fallenzulassen und ehrlich gegenüber uns selbst zu sein. Es ermutigt uns, in den Geist der Integrität zu treten, in den Ort, wo wir aufrichtig und echt sind, aber auch andere zu ehren.

Das Element, das die letzten drei Chakren bestimmt – Hals, drittes Auge und Scheitel – ist Raum, und wir können diese Zentren stärken, indem wir die Weitläufigkeit im Inneren anerkennen.

Vergebung und das Hals-Chakra

Bevor du das Hals-Chakra öffnest, damit es die aufgestaute Energie freisetzen und die ausgleichende Energie des Raums hineinbringen kann, solltest du alle Bereiche deines Lebens, die mit diesem Chakra verbunden sind und Vergebung erfordern, betrachten.

Deine Wahrheit

Die Wahrheit zu sagen, ist so wichtig, aber manchmal ist es ungeheuer schwer, aufrichtig mit anderen und letztendlich sich selbst zu sein. Wenn das in der Vergangenheit für dich problematisch gewesen ist, sind die Engel des Hals-Chakras bereit, dir dabei zu helfen, dass du dir jetzt vergibst. Wenn du das Gefühl hast, du hättest jemandem aufrichtig sagen müssen, wie du dich fühlst, oder du hättest lieber gesagt, wie du wirklich bist, dann ist es okay. Es ist auch okay, so zu sein, wie du bist. Wichtig ist nur, dass dir klar ist, wer du bist, und du es heute anerkennst. Es ist Zeit, dir selbst zu vergeben, dass du in der Vergangenheit nichts gesagt hast. Was du jetzt ändern kannst, ist wichtig.

Deine Kreativität

Bist du von Natur aus kreativ? Hast du eine spezielle Gabe, die du ausdrücken willst? Wenn du frustriert bist, weil du nie etwas dafür getan hast, oder verärgert, weil etwas zwischen dir und deinem kreativen Selbst gestanden hat, ist jetzt die Zeit, um zu vergeben und nach vorne zu gehen. Deine Engel wollen dich wissen lassen, dass deine Kreativität die Chance verdient zu glänzen, aber das kann sie nur, wenn du vergibst. Wenn du unversöhnliche Energie in deinem Hals-Chakra hast, können nur kleine Aspekte deines kreativen Selbst ausgedrückt werden. Aber wenn du Hindernisse auf deiner kreativen Reise loslässt, dann kannst du all deine kreative Energie in Einklang mit deiner Seele bringen.

Verbinde dich mit dem Raum

Da du jetzt deinem spirituellen Selbst erlaubt hast, offen, aufrichtig und kreativ zu sein, und dir angeschaut hast, welche Aspekte dieser Reise du verzeihen musst, kannst du allen Widerstand in deinem Hals-Chakra loslassen. Die Engel des Raums und des Hals-Chakras schweben jetzt um dich herum und helfen dir, dein göttliches Selbst zu öffnen und zu ehren.

Du fragst dich wahrscheinlich, wie du dich mit dem Raum verbinden sollst, aber keine Sorge, dazu brauchst du kein Raumschiff! Raum ist überall, es ist die Energie, die sich durch uns bewegt, der Aspekt des Göttlichen, der in den Atomen unseres Seins ist.

Um dich mit dem Raum zu verbinden, musst du dich nur in ein Gefühl der Stille begeben, dich auf deinen Atem konzentrieren und dir erlauben, einfach zu sein. Wohlbehagen in der Stille zu finden, erlaubt dir, eins zu sein mit allem, was ist. Ich schließe die Augen, bin umgeben von der Dunkelheit meiner Augenlider und fühle mich wohl. Ich kann zwar nichts sehen, aber das bedeutet nicht, dass ich allein bin. So wie im Film *Avatar* sehe ich, wie ich mich mit allem Lebenden durch die Energie verbinde, die durch mich fließt.

Hier ist ein Gebet:

>*»Ich danke euch, Engel des Raumes, dass ihr in mein Herz gekommen seid und mir die Energie bringt, die mir das Gefühl von Freiheit und Akzeptanz gibt.*
>*Ich erlaube meinem Hals-Chakra allen Widerstand gegen Vergebung aufzugeben, in den Bereichen, die zwischen mir und meiner Wahrheit und Kreativität stehen. Ich akzeptiere jetzt die ausgleichende Energie des Raums und erlaube ihr, durch mein Hals-Chakra zu fließen, den Punkt in meinem Körper, der mich mit Aufrichtigkeit sprechen lässt und zeigt, wer ich wirklich bin. Ich bin so dankbar, weil ich mich selbst auf aufrichtige Weise ausdrücken kann.*
>*Und so ist es!«*

Das Dritte-Auge-Chakra: *Ajna*

Ajna ist Sanskrit für »Wahrnehmung«. Das dritte Auge findet sich zwischen den Augenbrauen. Es ist allgemein bekannt, dass dieser Raum mit unserer Sicht, dem Geist und übersinnlichem/spirituellem Bewusstsein verbunden ist. Die Farbe, die es repräsentiert, ist Indigo. Auf physischem Level hat es mit den Augen, den Ohren und dem Kopf zu tun.

Die Energie dieses Chakras betrifft und wird betroffen von:
- ➢ unsere(r) Wahrnehmung
- ➢ wie wir die Welt sehen
- ➢ unsere(r) Intuition
- ➢ unsere(n) psychischen Sinne(n)
- ➢ Klarheit unseres Geistes.

Wenn unser Drittes-Auge-Chakra in der Natur wäre, würde es eigentlich darüber hinaus gehen. Es wäre die göttliche Intelligenz, die durch die Blume fließt wie Energieströme, und der Schutzengel, der sie beschützt.

Wird die Energie des Dritten Auges blockiert, dann fühlen wir uns ein bisschen angeschlagen. Die deutlichste Warnung, dass wir dort blockiert sind, sind Kopfschmerzen – es ist beinahe so, als würde die gesamte Energie in unserer Umgebung über die Wirbelsäule aufsteigen und sich im Kopf aufbauen.

Das Dritte Auge kann uns auf unterschiedliche Art beeinflussen. Du kennst doch sicher das Gefühl, wenn sich Druck in deinem Kopf aufbaut und du dich plötzlich krank fühlst? Es kann auch sein, dass du in ein Zimmer kommst, in dem dir auf einmal schwindlig wird, und dann findest du heraus, dass dort in der Vergangenheit etwas Schlimmes passiert ist. Oder hattest du schon einmal das Gefühl, dass jemand dich aussaugt? Das ist das Dritte Auge, das die Energie deiner Umgebung aufnimmt.

Vergebung durch das Dritte-Auge-Chakra hilft uns, unsere Wahrnehmung komplett zu verändern. Wenn wir jemanden verurteilt oder kritisiert haben, der uns »etwas Böses« angetan hat, kann es gut sein, dass unser Drittes Auge voller negativer Energie ist. Wenn wir nämlich auf etwas hinweisen, was wir an jemandem nicht mögen, erlauben wir diesem negativen Gedanken, unsere Vorstellung der Heiligkeit anderer zu beschmutzen, und auch das spirituelle Zentrum, das mit unserer Vorstellung verbunden ist, wird beschmutzt. Wenn wir jedoch vergeben, öffnet sich unser Drittes Auge, und wir können die geistige Realität um uns sehen.

Dieses Energiezentrum fordert uns auf, alle harten Urteile fallenzulassen und uns in einen Raum zu begeben, indem wir unserem Gefühl vertrauen und danach handeln. Es lenkt die psychischen Sinne und hat eine enge Verbindung zum Solarplexus-Chakra. Wenn wir unserem Gefühl vertrauen können und das Heiligste in allen Wesen sehen, öffnet sich unsere übersinnliche Vorstellungskraft.

Vergebung und das Dritte-Auge-Chakra

Bevor du dieses Chakra öffnest, damit aufgestaute psychische Energie losgelassen werden kann, musst du feststellen, welche Bereiche, die mit dem Dritte-Auge-Chakra verbunden sind, deine Vergebung brauchen. Schau dir folgende Bereiche an:

Deine Wahrnehmung

Es ist deine Entscheidung, wie du die Welt um dich herum siehst. Du kannst sie als Ort voller Angst, Negativität und Herausforderungen wahrnehmen. Diese Wahrnehmung beruht jedoch auf Angst, sodass du, wenn du sie wählst, wahrscheinlich in einer großen Illusion lebst.

Vergebung durch das Dritte-Auge-Chakra hilft dir, diese Denkweise zu heilen, sodass du die Welt als Liebe wahrnehmen kannst. Es ist an der Zeit, loszulassen und dir selbst zu vergeben, wenn du negativ über die Welt denkst. Beschließe jetzt, überall Liebe zu sehen. Und wenn du deine Wahrnehmung in Einklang mit dem Licht in allen Wesen bringst, erlaubst du deinen Engeln, dir näher zu sein als jemals zuvor.

Deine Sicht

Deine Sicht auf dein Leben hängt höchstwahrscheinlich mit dem zusammen, was dir begegnet. Hast du eine negative Erfahrung gemacht, von der du fürchtest, dass sie erneut passieren könnte? Stellst du dir in problematischen Situationen einen möglichst schlimmen Ausgang vor, damit du gewappnet bist? Es ist Zeit, dir dafür zu vergeben und etwas zu verändern. Deine Engel wollen dich wissen lassen, dass es immer klug ist, sich den bestmöglichen Ausgang vorzustellen, denn wenn du an das Beste denkst, bist du in Einklang mit deinem höchsten Gut.

Verbinde dich mit dem Geist

Nachdem du festgestellt hast, welche Bereiche deiner Wahrnehmung und Vorstellung geändert und vergeben werden können, hast du die wundervolle Gelegenheit, die Engel des Geistes nahe an dich heranzuziehen. Diese Engel werden dir helfen, allen Widerstand gegen Veränderung aufzugeben, damit du ein wahres Gefühl von Klarheit bekommst. Denke daran, Vergebung ist ein Zustand des Seins, und wenn du dich hinein begibst, erwacht deine heilige Vision.

Da Engel nicht durch Raum und Zeit beschränkt sind, kannst du das folgende Gebet sagen, wann immer du willst. Wenn du das Gefühl hast, diesen Prozess gerne beschleunigen zu wollen, ist es immer gut, irgendwo hinzugehen, wo du dich besonders im Einklang mit dem Geist fühlst. Vielleicht hast du einen Altar, oder du kannst in deine Lieblingskirche gehen und leise das Gebet sprechen. Wo es für dich richtig ist, ist es auch für den Himmel richtig.

➢ Setz dich still hin und schließe deine Augen.

➢ Atme einfach.

➢ Stell dir Licht aus reinem Indigoblau vor, das über deinen ganzen Körper gleitet und sich vor allem um deine Stirn legt.

➢ Fühle dich von diesem Licht getragen und massiert.

➢ Sieh, wie sich zwischen deinen Augenbrauen ein drittes Auge öffnet. Es blinzelt ein wenig, aber es leuchtet mit göttlichem Licht.

➢ Stelle dir dieses Auge strahlend hell vor. Es kann deutlich sehen. Sei gewiss, dass du in Kontakt mit deiner heiligen Vision bist.

➢ Sprich dieses Gebet:

»Ich danke euch, Geister des Orts und Engel der heiligen Vision, dass ihr mir jetzt nahe seid und ein wahres Gefühl der Verbindung zur Heiligkeit mit euch bringt.

Ich erlaube meinem Drittes-Auge-Chakra, allen Widerstand gegenüber Vergebung in meiner Wahrnehmung und Sicht aufzugeben, damit ich das Licht so sehen kann, wie es ist.

Ich akzeptiere jetzt die ausgleichende Energie des Geistes und der Engel und lasse sie in mein Drittes-Auge-Chakra eindringen, in den Punkt in meinem Körper, der mit meiner Wahrnehmung der Welt und des Geistes zu tun hat.

Ich bin dankbar, dass ich mit meiner inneren Vision in Kontakt bin und bringe sie jetzt und für immer mit der Liebe in Einklang.

Und so ist es!«

Das Kronenchakra: *Sahasrara*

Sahasrara ist Sanskrit und bedeutet »tausendfach«. Dieses Chakra befindet sich auf dem Scheitel des Kopfes. Über alle Zeiten hinweg haben Mystiker es als tausendblättrige Lotusblüte beschrieben, die sich oben auf dem Scheitel öffnet und über dem Kopf erhebt. Dieses Energiezentrum hat etwas mit unserer Verbindung zu Gott/Quelle/das Göttliche zu tun, und es wird als schönes violett-weißes Licht gesehen.

Die Energie dieses Chakras betrifft und wird betroffen von:
➢ unser(em) spirituelles/m Wachstum
➢ unsere(r) Verbindung zu Gott
➢ wie wir das Göttliche sehen.

Wäre unser Kronenchakra in der Natur, wäre es die Lebenskraft, die jede Zelle und jedes Atom verbindet. Es ist die Energie, die durch jedes lebende Wesen fließt; es ist der Himmel, der Boden, die Luft, die Sonne und die Saat – es ist alles. Es ist Gott.

Wenn die Energie des Kronenchakras blockiert wird, kann das ein tiefes Gefühl der Einsamkeit hervorrufen, weil dies unsere spirituelle Verbindung zu unserem Schöpfer ist. Wenn wir den Glauben an Gott oder auch an uns selbst verlieren, kann sich die tausendblättrige Lotusblüte schließen, so wie sich ein Lotus schließt, wenn die Sonne untergeht.

Wenn sich das Kronenchakra schließt, fühlen wir uns von der Welt abgetrennt. Wir stehen vor Herausforderungen und geben einer höheren Macht die Schuld, statt Verantwortung für uns selbst zu übernehmen. Doch meiner Meinung nach schließt sich das Kronenchakra niemals *vollständig*. Selbst in den dunkelsten Zeiten gibt es einen Lichtstrahl vom Universum, das darauf wartet, uns zu halten und zu unterstützen.

Auch wenn jemand komplett Atheist ist, bedeutet das nicht, dass sein Kronenchakra nicht ausgewogen sein kann. Manchmal sind auch Menschen, die nicht glauben, voller Freude und Licht. Das ist ein sicheres Zeichen dafür, dass sie immer ihrem gewählten Weg folgen.

Vergebung durch das Kronenchakra hilft uns, zu einem positiven Raum mit Gott zu kommen. Vor allem bei Problemen mit dem Gottesbegriff oder auch dem Wort »Gott« ist Vergebung erforderlich. »Gott« ist kein religiöses Wort – die Menschen machen Gott religiös. Gott ist die Energie der Schöpfung, der Makro- und der Mikrokosmos, die Energie in allem, was ist, gewesen ist und sein wird. Gott ist das Universum, und das Universum ist Gott.

Die Energie des Kronenchakras fordert uns auf, uns aus den Begrenzungen zu lösen, die andere Menschen uns durch den Begriff von Gott auferlegt haben. Wenn wir zum Beispiel in einem fundamental-religiösen Zuhause aufgewachsen sind und gezwungen wurden, die Quelle der Schöpfung zu fürchten, ist Vergebung erforderlich. Zu erkennen, dass Gott eine Energie der Liebe und Akzeptanz ist, ist deshalb so wichtig, weil wir dadurch wissen, dass wir geliebt und akzeptiert werden.

Je weiter wir in unser spirituelles Bewusstsein eindringen, desto mehr öffnet sich das Kronenchakra. Es ist verbunden mit unserem Wachstum und unserer Fähigkeit, spirituell bewusst zu bleiben, auch wenn wir mit Herausforderungen konfrontiert sind. Es ist das Chakra, das uns hilft, alles zu akzeptieren, was uns im Leben passiert. Es hilft uns, aus diesem Raum der Akzeptanz mit Liebe und Vergebung vorwärts zu gehen.

Vergebung und das Kronenchakra

Bevor du dieses Chakra öffnest und es in Einklang mit den sechs anderen Chakren, an denen du gearbeitet hast, bringst, solltest du dich vergewissern, dass du dir der Beschränkungen bewusst bist, die du selber durch deinen Widerstand gegen Vergebung im Kronenchakra geschaffen hast. Wirf einen Blick auf folgende Themen:

Wie du Gott siehst

Bist du von Gott frustriert? Hast du das Gefühl, Gott trägt die Schuld an den Erfahrungen, die du durchgemacht hast?

Du musst wissen, dass es nicht Gottes Entscheidung ist, wenn du verletzt worden bist oder vor Herausforderungen stehst. Gott ist vollständige Akzeptanz und Liebe – und er will, dass du dich akzeptiert und geliebt fühlst. Bei deiner Schöpfung bist du mit freiem Willen versehen worden, wie alle anderen auch, und jetzt ist es genauso. Bist du bereit zu sehen, dass Gott Liebe ist und dabei dir selbst zu vergeben, weil du gedacht hast, Er wolle dich bestrafen? In seinen Augen ist dir natürlich immer vergeben.

Für wie spirituell hältst du dich?

Das ist eine grundlegende Frage, wenn du an Vergebung und dem Kronenchakra arbeitest. Wenn sie sich in die Spiritualität bewegen, glauben viele Menschen, stärker mit dem Göttlichen verbunden zu sein als andere, aber das stimmt überhaupt nicht. Es gibt keinen Kurs, keinen Titel, kein Zertifikat und keine Einstimmung, die dich stärker mit dem Göttlichen verbindet oder spiritueller macht. Du bist bereits verbunden und du bist bereits Geist – du musst nur noch dein Bewusstsein ändern. Zu wissen, dass alle gleich und alle Geist sind, hilft dir, dich in einen Zustand der Vergebung zu bewegen, in dem du dir bewusst bist, dass Liebe in uns allen ist. Und du kannst auch Kümmernisse, an denen dein Ego vielleicht noch festhält, loslassen.

Verbinde dich mit der Quelle

Da du jetzt alle Bereiche durchgearbeitet hast, die deiner Vergebung im Kronenchakra bedürfen, hast du die Chance, alle sieben Räder der Vergebung miteinander in Einklang zu bringen und auf einem liebevolleren Weg voller Akzeptanz weiterzugehen. Gott und seine heiligen Engel manifestieren sich durch das tausendblättrige Lotus-Chakra, damit du dich mehr mit allem verbunden fühlst, was gewesen ist, was ist und was jemals sein wird.

Mach diese Meditation dort, wo es für dich sicher und bequem ist:
- ➤ Visualisiere ein strahlendes weißes Licht, das aus dem Himmel kommt und deinen Scheitel küsst.
- ➤ Mit diesem Kuss erblüht eine wunderschöne Lotusblüte auf deinem Kopf. Sie leuchtet hell und schön.

> Lass dir Zeit, um zu erkennen, dass Gott, die Engel und alle Geister der Vorfahren, die vor dir gegangen sind, dir jetzt bei dir sind.

Hier ist ein Gebet:

»Ich danke dir, himmlischer Vater, universelle Quelle der Schöpfung, weil du in mir die Funken der Göttlichkeit entzündest, die ich vielleicht vergessen habe. Ich heiße dich und deine Engel jetzt willkommen, um alle Gedanken zu entfernen, die zwischen mir und meiner Verbindung mit dir stehen.
Ich lasse jetzt alle Vorstellungen von Angst und Bestrafung los, weil ich wahrhaft weiß, dass du nichts als Liebe und Akzeptanz bist.
Ich akzeptiere jetzt die ausgleichende Energie der Quelle und erlaube ihr, in mein Kronenchakra zu fließen, das sich öffnet wie eine schöne Lotusblüte mit 1000 Blütenblättern.
Ich bringe alle meine Chakren in Einklang miteinander und schaffe so ein Gefühl des Himmels auf Erden.
Ich vergebe mir und allen Lebewesen und Seelen, die mein Leben berührt haben. Ich vergebe und mir wird vergeben. Und so ist es!«

DER GEIST IST
EIN ALTAR

*Die Reise zu Gott ist lediglich das Wiedererwachen
der Erkenntnis dessen, wo du immer und was du ewig bist.*

<small>EIN KURS IN WUNDERN</small>

Altäre faszinieren mich schon seit Jahren. In fast jedem Raum meines
Hauses steht einer, und in meinem Büro sind drei. Ich liebe es, heilige
Orte zu schaffen, wo ich das Göttliche ehren kann.

Wenn ich daran denke, wie ich Altäre entdeckt habe, fällt mir als
Erstes etwas ein, das ich mit drei oder vier Jahren erlebt habe. Eine
Nachbarin namens Margaret passte damals häufig auf mich auf, vor
allem, wenn meine Eltern sich um meine kranke Nana kümmerten.
Sie kochte mir immer meine Lieblingsgerichte, und ich durfte mir aus
einem Glas mit kleinen Schokoladetäfelchen eins aussuchen. Im
Grunde verwöhnte sie mich, als ob ich zu ihrer Familie gehörte.

Eines Nachmittags kümmerte sie sich um mich, weil meine Eltern
bei meiner Nana im Krankenhaus waren, und ich ging mit ihr und
ihrem Mann Jim zur Messe. Margaret und Jim waren totale Familien-
menschen – und sind es noch immer. Sie sind fromme Katholiken
und haben immer ein aufrechtes Leben geführt. Ihr Sohn ist sogar
Priester geworden.

An diesem besonderen Nachmittag nach der Messe ging Margaret
mit mir vorne in die Kirche, wo am Altar die Statue einer blassen Frau

mit ausgestreckten Armen stand. Sie trug einen blauen Umhang, und vor ihr standen rote Gebetskerzen.

»Wer ist das?«, fragte ich und zeigte auf die Statue.

Margaret sagte lächelnd: »Das ist die Muttergottes, mein Junge. Sie ist die Mutter des kleinen Jesuskindes.«

Den Namen Jesus kannte ich, aber ich verstand damals noch nicht so richtig, was seine Aufgabe war, deshalb fragte ich weiter: »Oh. Und was machen wir hier?«

Margaret lächelte wieder. »Ich zünde jetzt eine kleine Kerze für deine Nana an und bete für sie zu Gott. Ich bitte darum, dass er ihr hilft, damit es ihr wieder besser geht. Du weißt ja, dass sie sich nicht so gut fühlt.«

Ich wusste, dass meine Nana keine rosigen Wangen mehr hatte, und dass sie in der letzten Zeit oft in ihrem Rollstuhl saß. Ich hoffte wirklich, dass wir ihr mit dem Beten helfen konnten.

Das war meine erste Erfahrung mit Altären und dem Anzünden von Kerzen, und seitdem war ich besessen davon. Vor ein paar Tagen besuchte mich abends mein Freund John auf ein paar Bier. Er legte seine Jacke in mein Schlafzimmer, und als er wieder herauskam, sagte er: »Mann, da drinnen sieht es ja aus wie in einem Statuenladen – überall Kerzen und Götter! Und es riecht auch noch wie in der Kirche!«

Er hatte nicht unrecht. Im Moment habe ich einen Altar neben dem Bett mit einem riesigen Ganesh, dem indischen Elefantengott, aus Messing. Daneben stehen ein großer Zitrin (für Fülle), eine Muttergottes-Kerze aus Mexico und eine rote Kerze für Maria Magdalena, und dann liegen da noch Gebetsperlen und andere Dinge. Auf meiner anderen Kommode stehen eine Fotografie des Dalai Lama und Statuen der tibetischen Göttin Grüne Tara, des indischen Gottes Shiva, des Affengottes Hanuman und ein weiterer Ganesh. Du merkst wahrscheinlich schon, dass ich ein bisschen durchgeknallt bin! Ich liebe religiöse und spirituelle Figuren und Bilder, und es ist mir egal, wo sie herkommen! Für mich kommen alle diese Wesen und Götter vom selben Ort, und sie führen uns alle zurück zur Liebe.

Vor vielen Jahren habe ich in einem Buch von Diana Cooper gelesen, dass wir die Schwingungen in unserem Wohnraum verbessern und ihn mit dem Göttlichen verbinden, wenn wir nur spirituelle Bücher und Objekte dort haben. Seitdem habe ich in meinem Zimmer spirituelle Gegenstände und Bücher gesammelt – wenn ich den Raum so herrichte, dass sich das Göttliche gerne dort aufhält, dann ist es für mich auf jeden Fall gut genug.

Unser Geist

Unser Geist ist ein kraftvoller Ort. Alles, was wir im Leben tun, wofür wir uns entscheiden und worauf wir uns konzentrieren, wird durch ihn verarbeitet. Es gibt keine besonders tolle Art, ihn zu beschreiben, weil ihn noch nie jemand gesehen hat. Wir wissen noch nicht einmal, wo er ist. Die meisten von uns gehen davon aus, dass er in unserem Kopf ist, aber da ist natürlich unser *Gehirn*. Wo ist also der Geist?

Für mich ist der Geist unsere Essenz. Es ist ein innerer Übersetzer, angesiedelt zwischen Liebe und Angst – und wir können wählen, welcher dieser Stimmen wir zuhören wollen. Es ist wie in den alten *Tom und Jerry*-Cartoons, wo du einen Engel auf einer Schulter und einen Teufel auf der anderen siehst – genau damit werden wir täglich konfrontiert.

Der Teufel auf unserer Schulter ist eigentlich unser Ego. Es ist die Stimme der Angst, die Stimme, die unseren Glauben und unser Selbstwertgefühl herausfordern will. Das ist ihre Aufgabe – unsere Fähigkeit, Liebe zu akzeptieren, in Frage zu stellen. Wir können viel Zeit damit vergeuden, uns vom Ego und seinen falschen Versprechungen in den Bann ziehen zu lassen.

Der Engel auf unserer anderen Schulter ist unsere Seelenstimme, unser innerer Lehrer oder »der Heilige Geist«, wie er in *Ein Kurs in Wundern* bezeichnet wird. Er ist die Liebe und Akzeptanz, die vergessen werden kann, wenn wir beschließen, der Stimme der Angst zu folgen. Aber der innere Lehrer ist der Teil von uns, der uns direkt zu unseren Engeln und unserem Schöpfer führt.

Ich stelle mir den Geist gerne wie einen Altar vor. Er steht mitten in einem wunderschönen heiligen Tempel und alles, was darauf liegt, wird direkt an das Göttliche weitergegeben. Es ist der heilige Raum in unserem Sein, der vor Gottes Thron steht, der Raum, in dem wir erkennen, dass wir nie getrennt sind, dass wir Teil sind von allem, was ist und was jemals sein wird.

In *Ein Kurs in Wundern* heißt es: »Es gibt keine Zeit, keinen Ort und keinen Zustand, wo Gott abwesend ist. Es gibt nichts zu fürchten.«

Nimm dir Zeit, wirklich zu würdigen, dass dieser machtvolle Raum in uns wichtig für unsere Reise durch die Vergebung ist. Genau dort liegt unser wahres Selbst nackt auf dem Altar. In diesem Raum, in unserem Geist werden alle unsere Vorstellungen von Vergebung, Liebe und Akzeptanz gebildet. Es ist gut, diesen Raum zu kennen, und die Wirkung zu würdigen, die er haben kann.

Das Göttliche ist in dir

Ich schreibe und spreche seit Jahren über Spiritualität. Ich lehre die Menschen, dass sie eine wundervolle Verbindung zum Göttlichen in sich haben, und dass die Engel ihnen immer nahe sind. Für mich ist das nichts Neues, aber eines Tages war etwas anders.

Während ich in mein Büro fuhr, hörte ich tolle Musik. Wahrscheinlich fuhr ich auch zu schnell, denn ich kam schneller dort an, als ich gedacht hatte.

Ich liebe mein Büro sehr, und vor allem liebe ich meine Altäre. Jeden Tag zünde ich sofort beim Hereinkommen Kerzen und Räucherstäbchen an und würdige die Heiligenfiguren, die Gott in meinem Leben repräsentieren.

Häufig mache ich im Büro meine Übungen zu *Ein Kurs in Wundern*. An jenem speziellen Tag war ich in etwa 30 Minuten mit meiner Freundin Hollie auf Skype verabredet, und daher wollte ich sofort ein paar Kerzen anzünden, um mich meiner täglichen Lektion zu widmen. Ich zündete die Kerzen im Hauptraum an und ging dann zurück an meinen Schreibtisch, um im *Kurs* zu lesen. Normalerweise mache ich mir Notizen, während ich die Lektion durchlese und meditiere dann zu den Affirmationen oder der Kernbotschaft, wenn ich fertig bin.

An jenem Tag war es Lektion 157. Ich weiß noch, dass ich laut gelesen habe »In Christi Gegenwart wollen wir jetzt eingehen« und echt versucht habe, zu verstehen, was ich da las. Es ging darum, dass wir in die Gegenwart Gottes, in die Gegenwart unserer eigenen Heiligkeit und die Gegenwart von Christi Bewusstheit eingingen. Es war etwas ganz Großes!

Wie in Trance spürte ich, wie ich aufstand und in meinen Hauptraum ging. Vor meinem Marienaltar fiel ich auf die Knie und sagte erneut laut: »In Christi Gegenwart wollen wir jetzt eingehen«, und dann begann ich zu weinen. Ich weinte Rotz und Wasser, aber der Schmerz löste sich auf, und ich empfand etwas, was ich nur als reine Freude bezeichnen kann.

In jenem Moment ging mir durch den Kopf, das ich eins mit dem Göttlichen war. Ich war buchstäblich mit Gott verbunden.

Normalerweise weiß ich das, aber ich habe so viel mit meinem Terminkalender und allem anderen zu tun, dass ich es leicht vergesse.

Es war noch mehr als das, denn als ich in jenem Moment Gott würdigte und mich in seine Gegenwart begab, bewegte ich mich nicht von mir selbst fort, sondern zog mich *in mich* zurück.

Länger als eine halbe Stunde saß ich schluchzend da, auch wenn es sich für mich höchstens wie zwei Minuten anfühlte. Als schließlich mein Skype im nächsten Raum klingelte, schnappte ich mir ein paar Taschentücher, trocknete mein Gesicht, so gut es ging, und nahm den Anruf entgegen.

Hollie Holden ist einer der schönsten Menschen, die ich kenne. Sie versteht mich. Sie und ihr Mann Robert gehören zu meinen besten Freunden. Sie sind so echt, und wir können herumalbern oder auch tiefe Gespräche über das Göttliche führen. Hollie und Robert sind nicht nur wunderbare Freunde geworden, sondern auch meine Mentoren, vor allem beim *Kurs*, sodass dieser Anruf sich wie göttliche Synchronizität der Ereignisse anfühlte.

Hollie merkte gleich, dass ich weinte, und sagte: »Oh, Babe, ist alles in Ordnung?«

Mit großer Mühe gelang es mir, ihr zu erzählen. Was gerade passiert war. Na ja, ich kam nur bis: »Und mir ist gerade durch den Kopf gegangen, dass Seine Gegenwart in mir ist und ich in ihm, und wir zusammen sind«, da fing ich schon wieder an zu weinen.

»Und wie sollen wir damit nur klarkommen?«, erwiderte Hollie. Ich begann zu lachen. Sie hatte ja recht – das war wirklich schwerer Stoff. Die Erkenntnis, dass wir in Liebe und ewig mit ihm verbunden sind – was könnte größer sein?

Um das zu verstehen, stelle dir einen heiligen Tempel vor. In diesem Tempel steht ein schöner Altar mit spirituellen Gegenständen, Kerzen und glänzenden Dingen. Davor ist ein reines, göttliches Licht, der Heilige Geist, und alles, was er tut, ist zu lieben und zu akzeptieren.

Vielleicht möchtest du gerne zum Folgenden meditieren:

Du bist der heilige Tempel.
Dein Geist ist ein Altar für das Göttliche.
In deinem Tempel leuchtet ein helles Licht.
Das helle Licht ist Liebe und Akzeptanz.
Täglich stehst du vor Gott.
Erkenne ihn und erkenne deine Heiligkeit.
Du bist niemals von der Liebe getrennt.
Wie es in Ein Kurs in Wundern *heißt:*
Du kannst nicht verstehen, wie sehr dich dein Vater liebt, denn
in deiner Erfahrung der Welt gibt es keine Parallele,
die dir helfen könnte, es zu verstehen. Es gibt nichts auf
Erden, was sich damit vergleichen ließe; und nichts, was
du jemals getrennt von ihm empfunden hast, hat auch nur
entfernte Ähnlichkeit damit.

Den Altar schmücken

Da du jetzt erkannt hast, dass wir in uns einen Altar vor dem Göttlichen haben, stellt sich die wichtige Frage, was wir darauf stellen.

Die kurze Antwort darauf lautet: Alles, was uns durch den Kopf geht. Jeder einzelne Gedanke wird dem Göttlichen präsentiert. Unsere Engel, der Schöpfer und unsere geliebten Menschen im Himmel sehen jeden einzelnen Gedanken, deshalb ist es so wichtig, dass wir das, was wir denken, in Einklang bringen mit dem, was wir sein wollen.

Ich beschreibe Gedanken gerne als Magneten. Jeder einzelne Gedanke, den wir haben, zieht eine Erfahrung oder Situation an. Der Zustand unseres Geistes bestimmt die Art der Erfahrung. Was ziehst du jetzt an – Herausforderungen oder Wunder?

Es scheint verrückt, dass wir mit dem, was wir denken, die Wunder in unserem Leben bestimmen. Aber jeder Gedanke erschafft das, was als nächstes in unserem Leben passiert. Und haben wir nicht ein Recht auf Wunder? Deshalb ist es auch so wichtig, unser Denken auf Wunder auszurichten. Wenn wir uns dafür entscheiden, wie unsere Engel und unser Schöpfer zu sein und voller Liebe und Akzeptanz durchs Leben gehen, ziehen wir Erfahrungen voller Liebe und Akzeptanz an, und selbst die, die nicht gut auf uns zu sprechen sind, vergeben uns.

Auch wenn wir vor einem Problem stehen, können wir entscheiden, wie wir reagieren. Es mag nicht einfach sein, aber denk nur an eins: *Atme.* Jedes Mal, wenn wir uns genügend Zeit nehmen, um auf unsere innere Stimme zu hören und unsere Gedanken anzusehen, ist es so, als würden wir den Altar abstauben. Wir nehmen die schönen Dinge in die Hand und machen sie sauber. Und nicht nur das: Wir können auch Gegenstände, die ohne unser Zutun auf den Altar gelangt sind und gar nicht dort hingehören, wegnehmen und sie durch etwas Neues ersetzen.

Den Altar deines Geistes aufräumen

Auf einer Reise in die Vereinigten Staaten hatte ich kürzlich die wunderbare Gelegenheit, meine Freundin Kate Northrup und ihren Mann Mike in Portland, Maine, zu besuchen. Ich freute mich sehr darauf, denn wir haben uns vom ersten Tag an gut verstanden, schon damals, als Kate und ich auf einer »I Can Do It«-Konferenz in Hamburg kennenlernten.

Bei meinem Besuch bei Kate und Mike machten wir viele wundervolle Dinge. Wir gingen zum Yoga und ins Sportstudio und trafen uns zum Abendessen am Hafen. Maine ist wunderschön, und mein Aufenthalt dort fühlte sich so an, »wie das Leben sein sollte«, wie es auf dem Willkommensschild am Stadtrand steht.

Bei den beiden zu wohnen, öffnete mir die Augen, und ich kann es nur als heilend betrachten. Wenn du noch nichts von Kate gehört hast, solltest du dich mal über sie informieren. Sie hat ein wundervolles Buch geschrieben, *Das liebe Geld,* das Menschen hilft, die Ängste wegen ihrer Finanzen haben.

Ich fand nicht, dass ich in Bezug auf Finanzen Ängste hatte. Angst besteht für mich im Wesentlichen aus unversöhnlichen Gedanken über ein Thema, und für einen 26-Jährigen hatte ich ziemlich viel Geld. Ich verdiente immer mehr als genug, um meine Miete, mein Auto, und was man sonst noch so braucht, zu bezahlen, aber ich muss auch ehrlich sagen, dass ich immer noch zu Hause wohnte und definitiv verhinderte, dass sich irgendwelche Gelegenheiten für Überfluss boten.

Kate ist liebevoll und sensibel, und sie zwingt dir ihre Ideen nicht auf. Sie sagte mir nicht, ich müsse mein Leben ändern, aber ihre Art, wie sie ihre spirituelle Praxis mit Finanzen verbindet, faszinierte mich.

Kate liebt es, übers Geschäft zu reden, nicht weil sie gierig ist oder mehr haben will als andere, sondern um anderen damit zu beweisen, dass ein glückliches Leben im Überfluss möglich ist. Also redeten wir am Ende jedes Tages über etwas Geschäftliches, und mir fiel auf, wie ich reagierte, wenn das der Fall war – ich zuckte zusammen. Mein Körper reagierte physisch auf das, was ich tief im Inneren fühlte. Ich musste herausfinden, was da los war.

Ehrlich gesagt, fühlte ich mich überarbeitet, und war definitiv unterbezahlt. Mir wurde klar, dass ich ständig nur für andere da war, und mein eigenes Leben geriet ins Hintertreffen. Außerdem hatte ich das Gefühl, es sei meine Pflicht, meine Dienste preiswerter zur Verfügung zu stellen, damit ich jeder einzelnen Person helfen konnte, aber zugleich hatte ich den Plan von einer eigenen Wohnung zugunsten meiner beruflichen Karriere aufgegeben. Ich musste mir eingestehen: Ich hatte Angst, ich war müde, und ich hatte finanzielle Sorgen.

Ich redete zwar nicht mit Kate oder Mike darüber, aber diese wundervoll intuitiven und intelligenten Menschen wussten es sowieso. Ich kann mich erinnern, dass ich ihnen von meiner Warteliste erzählt habe – es standen über 900 Personen darauf, und ich versuchte, mit jedem zu arbeiten. Aber ich hatte mein Honorar seit Jahren nicht erhöht, und es berücksichtigte nicht meinen guten Ruf. Außerdem erzählte ich den beiden von dem Online-Kurs, den ich plante, damit ich mehr Menschen auf einmal erreichen konnte.

Während des fünftägigen Besuchs ermutigte Kate mich auf sanfte Weise, damit ich erkannte, dass ich der Fülle im Weg stand. Und in der Tat hatte ich »Mangel« auf dem Altar meines Geistes aufgestellt.

Gedanken verändern

An meinem vorletzten Abend machten wir einen Ausflug nach Portsmouth, einem Ort, der etwa anderthalb Stunden entfernt lag, um uns mit unserer lieben Freundin Cheryl Richardson und ihrem Mann Michael zu treffen. Wir gingen in ein wundervolles französisches Restaurant, und es war einfach schön, mit Gleichgesinnten zusammen zu sein. Wir unterhielten uns über unsere jüngsten Abenteuer, und ich erzählte, dass ich gerade ein Buch über Vergebung schrieb. Es war wirklich fantastisch. Und da ich mit einer Geld-Expertin und einer Expertin für Selbstliebe an einem Tisch saß, war es natürlich nur eine Frage der Zeit, bevor sich das Thema der Fülle zuwandte.

Ich erzählte freimütig von meinen geschäftlichen Sorgen, und dass ich es extrem schwierig fand, die Preise zu erhöhen und dabei loyal gegenüber meinen Klienten vor Ort zu bleiben. Meine Mum und ich hatten zwar unsere Schulden bezahlen können, aber mir war auch klar, dass ich mich selber daran hinderte zu wachsen.

Cheryl sagte zu mir, ich hätte ein Anrecht auf Wohlstand, und das Universum wolle mich unbedingt unterstützen. Ich müsse nur zuerst aus dem Weg gehen. In diesem Moment gingen mir all meine einschränkenden Gedanken durch den Kopf – und dann wurde mir klar, dass ich aufhören musste, so verdammt eigensinnig zu sein, und mir selbst erlauben musste zu wachsen. Meinen Verdienst mit dem meiner Freunde aus der Schule zu vergleichen, war weder für sie noch für mich gesund. Ich musste aufhören, mich zu vergleichen und meinen Erfolg am Geld zu messen – ich musste mir meine finanziellen Gedanken vergeben und einfach alles loslassen.

Ich fühlte mich inspiriert. Es war wundervoll, mit Leuten zusammen zu sein, die mich richtig hörten und verstanden. Cheryl holte ihr Kartendeck hervor und bat mich, eine Karte zu ziehen. Ich sagte laut: »Danke, Engel, dass ihr mir enthüllt, was ich wissen muss.« Dann wählte ich eine.

Die Karte war: »Empfangen: Wenn wir uns anderen öffnen, öffnen wir uns selbst der Fülle des Universums.«

Ich brach in Tränen aus. Mitten im Restaurant schluchzte ich hemmungslos.

Die Kellnerin kam mit der Dessertkarte an unseren Tisch, warf einen Blick auf mich und sagte: »Oh, Entschuldigung, ich komme gleich wieder.«

»Machen Sie sich keine Gedanken«, sagte ich rasch. »Wir sind alle Therapeuten.«

Alle lachten.

Kate, Cheryl, Mike und Michael halfen mir zu sehen, dass ich selbst meine Fähigkeit zu empfangen blockierte, indem ich Mangel auf den Altar meines Geistes legte. Sie erklärten mir, ich könne es ändern und zwar auf der Stelle. Cheryl sagte: »Bitte Gott, dir mehr Geld zu geben, damit du es mit anderen teilen kannst, wenn dir das ein besseres Gefühl gibt.«

Ich begann, ein Gebet in mein Handy zu tippen:

»Ich danke dir, Gott, weil du mir mehr Geld gibst, um mich
zu ernähren und es mit anderen zu teilen!
Und so ist es!«

Genau in jenem Moment fand die Heilung statt. Ich verschob meine Gedanken von Mangel zu Fülle und von Angst zu Liebe. Mir wurde klar, dass Gott mich nur zu gerne mit Fülle bedachte, wenn ich es nur zulassen konnte. Ich verzieh mir meine vergangenen Entscheidungen, und ich fühlte, wie mir vergeben wurde.

Als wir an diesem Abend nach Hause fuhren, redeten Kate, Mike und ich darüber, wie kraftvoll dieser Abend gewesen war, und obwohl ein Teil von mir sich entblößt fühlte, fühlte ich mich doch auch völlig akzeptiert. Wir unterhielten uns darüber, wie ich Dinge ändern und meine Lehren weltweit verbreiten konnte. Ich machte eine Liste von Dingen, die ich tun konnte, und mit Kates Hilfe brachte ich sie in eine Reihenfolge nach Prioritäten.

Ich setzte mir selbst das Ziel, 10000 Pfund im Monat zu verdienen, damit ich Geld für ein eigenes Haus zur Seite legen konnte, und ich arbeitete weiter mit meinem Gebet und dem Vergebungsdenken. Ich organisierte einen Online-Kurs, der innerhalb von sieben Tagen ausgebucht war. Ich hatte meine 10000 Riesen schon überschritten – es war wie ein Wunder.

Der Abschied aus Maine fiel mir schwer. Ich kann es gar nicht erwarten, wieder dorthin zu fahren und noch mehr Wunder zu schaffen mit meiner Adoptivschwester Kate und ihrer Familie.

Meine Reise machte mir klar, was ich auf den Altar meines Geistes legte. Was legst du auf deinen? Dient es dir?

Einen Altar errichten

Ein Altar ist ein wundervoller Weg, um körperlich darzustellen, was du dir im Geist vorstellst. Wie bereits erwähnt, erschaffst du das, worüber du am meisten nachdenkst. Erschaffst du Vergebung? Es gibt haufenweise Bücher da draußen über das Gesetz der Anziehung und die Manifestation dessen, was du willst, und genauso ist es bei Vergebung. Wenn du versöhnliche Gedanken denkst, ziehst du versöhnliche Situationen und Menschen an, und wenn du das Gegenteil denkst, kannst du dir vorstellen, was dann passiert. Wenn du versöhnliche Gedanken denkst, ist es so, als stelltest du Kerzen auf den Altar deines Geistes. Sie werden angezündet und tragen durch ihre Flamme zum Frieden bei. Dieser Frieden existiert nicht nur in deinem heiligen Tempel, sondern breitet sich wie eine Welle aus und berührt all diejenigen, die du auf deinem Weg triffst.

Wie du weißt, liebe ich Altäre, deshalb habe ich so viele. Ich behandle sie als physische Räume, die mir helfen, meine Gedanken und die Energie, die ich anderen gebe, zu pflegen.

Ein Beispiel ist der Ganesh-Altar in meinem Schlafzimmer. Ganesh entfernt Hindernisse. In indischen Lehren heißt es, dass er alles loswird, was zwischen uns und innerem Frieden steht. Ich liebe diese Vorstellung, deshalb habe ich in meinem Zimmer einen Raum geschaffen, wo ich täglich hingehen und mir vor Augen führen kann, dass ich frei von jedem Hindernis bin, das zwischen mir und dem Frieden steht.

Auf meinem Ganesh-Altar liegt ein Zitrin, weil die Kristalltherapie uns lehrt, dass Zitrin ein Stein ist, der zur Fülle beiträgt. Ich habe ihn dorthin gelegt, um immer daran zu denken, dass Fülle über Finanzen hinausgeht. Es geht auch darum, die Segnungen zu erkennen, die wir bereits haben.

Ich habe auch *Mala*-Gebetsperlen, die eine Freundin, Natalia, für mich gemacht hat, mit einem goldenen Maria-Magdalena-Anhänger. Ich liebe sie sehr. Sie helfen mir, daran zu denken, dass dieser aufgestiegene Meister mich jederzeit ermutigen kann, in die Höhle meines Herzens zurückzukehren, und dass von dort das Wunder der Vergebung möglich ist.

Ich habe auch eine Muttergottes-Kerze, die meine Freundin Anna mir aus Texas mitgebracht hat. Ich liebe die Muttergottes sehr und weiß, dass sie nie weit von mir entfernt ist, wenn ich ihre liebevolle Führung und Akzeptanz brauche.

Da du dich jetzt auf das Wunder der Vergebung einlässt und an deine liebevollen Verbindungen denkst, kannst du dir auch in deinem Zuhause einen Raum schaffen, der die physische Verkörperung der positiven Arbeit ist, die du im Inneren leistest. Mach Platz in deinem Bücherregal, auf deinem Nachttisch oder auf dem Kaminsims. Stell Gegenstände darauf, die dich an Liebe denken lassen und dir dabei helfen, an Wunder zu denken.

Die auf Wunder gerichtete Denkweise ist akzeptierend, vertrauensvoll und liebevoll. Sie ist der perfekte Raum, der an deine Ganzheit erinnert, und der Teil von dir, der dich nie Opfer in deinem schlimmsten Albtraum sein lässt. Sie ist das wahre Du, das nie vom Göttlichen getrennt ist.

Um dir zu helfen, darüber nachzudenken, hier ein Gebet zum Abschluss der Meditation:

»Im Mittelpunkt meines Geistes ist ein Altar,
ein heiliger Ort, an dem Engel verweilen.
In diesem Raum ist das perfekte Ich: liebevoll, akzeptierend
und ganz.
Ich betrete jetzt den heiligen Tempel und knie mich vor
diesen Altar.
Ich heiße die allgegenwärtige Liebe willkommen, die mich
erwartet.
Ich lasse allen Widerstand los und kehre zurück, um meinem
Schöpfer zu begegnen.
Ich danke dir, Gott, dass du in den Raum in meinem Geist
eingetreten bist.
Ich danke dir, Gott, dass du deine Engel zu mir geschickt hast.
Ich werde beschützt vom heiligen Licht. Erzengel und Heilige
behüten mich hier.
Es ist so schön, wieder hier mit dir zu sein. Es ist so schön,
akzeptiert zu sein.
Und so ist es!«

10

INS LICHT

Er kennt keine Schatten. Seine Augen blicken
an vergangenen Fehlern vorbei zum Christus in dir.

<small>Das Lied des Gebets, Ein Kurs in Wundern</small>

Meine Reise in die Flügel der Vergebung war interessant.

Es war das erste Mal, dass ich beim Schreiben eines Buches das Bedürfnis verspürte, heilige Stätten zu aufzusuchen, um mir Informationen zu beschaffen und Erkenntnisse zu gewinnen.

Ehrlich gesagt, hatte ich geglaubt, es sei einfacher, als es dann tatsächlich war. Meine letzten drei Bücher kamen mir viel einfacher vor. Sie waren alle über Engel, und Engel sind mein Leben, deshalb fiel es mir so leicht mitzuteilen, was ich wusste. Vergebung ist anders – es ist eine Lektion, die ich gelernt habe und immer weiter lernen werde. Es war eine großartige Erinnerung daran, dass ich auf diesem Pfad Schüler bin und kein Lehrer.

Ich glaube, dass das Universum sich etwas anderes vorgestellt hat, als ich den Vertrag für dieses Buch unterschrieben habe. Ich hatte das Gefühl, eine spirituelle Vereinbarung zu unterschreiben, um vollständig zu verstehen und zu verkörpern, was es bedeutete, zu vergeben und Vergebung zu erlangen.

Als ich erfuhr, dass Maria Magdalena mich zur Vergebung führte, und dass ihre Engel Hilfe für diesen Planeten brachten, beschloss ich, mir Orte anzusehen, die vielleicht mit Maria Magdalena verbunden wurden. Zur Inspiration las ich *Der Da Vinci Code*. Es mag Fiktion sein, aber ich hatte das Gefühl, dass selbst, wenn der Roman nicht hundertprozentig korrekt war, so viele Leute die Geschichte glaubten, dass dadurch die Energie von Maria Magdalena heraufbeschworen werden konnte, mit der ich mich dann verbinden konnte. Ich versuchte, einen physischen Raum zu finden, um die Gefühle und Erfahrungen, die ich auf einem inneren Level machte, zu ergänzen. Als Erstes fiel mir Rosslyn Chapel in der Nähe von Edinburgh ein.

Suchen

Eines Sonntagmorgens wachte ich früh auf. Ich war schon lange nicht mehr in Rosslyn gewesen und war aufgeregt. Ich packte ein paar Dinge in meine Tasche, die mir auf meiner Reise geholfen hatten: Einen Postkartendruck von Maria Magdalena von einer begabten Künstlerin namens Lily Moses und einen Scarlet-Temple-Quarzkristall, mit dem ich meditiert hatte.

Von dem Scarlet-Temple-Quarz erfuhr ich erst, als ich mich zu diesem Abenteuer aufmachte. Kristalle hatten schon immer einen sehr großen Einfluss auf meine spirituelle Praxis, wohl weil Kristall-Heilung das erste Heilungssystem war, das ich studiert hatte.

Mein Freund Liam Wood ist ein bekannter und angesehener Kristallhändler. Er postet auf seiner Seite immer die schönsten und seltensten Kristalle. Seine Website gehört zu meinen Favoriten, weil ich immer nachschaue, was für wundervolle, glänzende Dinge er anzubieten hat.

Zufällig schaute ich eines Tages auf seine Seite und sah einen Scarlet-Temple-Quarz. Es war ein handtellergroßer, natürlich spitz zulaufender Quarzkristall, aber durch die Mitte verlief eine tief rote Ader, ich glaube, vom Eisen im Mineral.

Ich war begeistert, weil »Scarlet Temple« Göttinnen/Maria Magdalena-Energie ausstrahlte. Ich informierte mich online und fand heraus, dass der Scarlet-Temple-Quarz angeblich von Priesterinnen im alten Land Lemurien benutzt wurde, um den Segen der Göttin zu erhalten. Das reichte mir schon.

Ich fuhr also mit meinem Kristall, dem Bild von Maria Magdalena und meinem Tagebuch nach Rosslyn Chapel.

Als ich dort ankam, fühlte ich mich inspiriert, aber um ganz ehrlich zu sein, spürte ich nicht wirklich etwas. Ich blickte mich in der schönen Kapelle mit ihrem Sternendach und den wundervollen Buntglasfenstern um. Ich schloss mich der Führung an und lauschte der Geschichte der Kapelle, und wie die Steinmetze sie geschaffen hatten. Aber von Maria Magdalena war nicht die Rede.

Schließlich ging ich nach draußen, wanderte um die Kapelle herum und fand einen ruhigen kleinen Platz, von dem aus man eine schöne Aussicht über die Hügel hinter der Kapelle hatte. Ich setzte mich, hielt meinen Kristall in der Hand und blickte auf mein Bild von Maria Magdalena.

»Wo bist du?«, flüsterte ich. »Ich will mehr erfahren.«

Ich schloss die Augen, atmete ruhig und lauschte in mich hinein. Ich verspürte ein Gefühl der Ruhe, aber es gab keine dramatischen Ereignisse, keine Engel und keine Botschaften von Maria Magdalena. Ich war ein bisschen enttäuscht, aber manchmal passiert so etwas eben.

Dann ging ich für eine Weile zurück in die Kapelle und zündete eine Kerze an für Meggan Watterson, die unbewusst meine Liebe zu Maria Magdalena wieder geweckt und mir geholfen hatte, mich mit ihr zu verbinden. Ich schrieb »Für Meggan Watterson und ihre heilige Arbeit mit Frauen« in das Buch und fuhr wieder nach Hause.

Wochen vergingen, und mir wurde klar, dass ich wahrscheinlich genug Informationen gesammelt hatte, um mein Buch über Vergebung zu schreiben, aber ich hatte auch das brennende Verlangen, nach Glastonbury zu fahren. Ich hatte das Gefühl, dass es für mich der perfekte Raum war, um mich dem Himmel zu öffnen.

Das Abenteuer ruft

Eines Abends erzählte ich meiner guten Freundin Sara von diesem Projekt. Sie hörte interessiert zu, und es ist immer gut, wenn du das, woran du gerade arbeitest, mit Gleichgesinnten besprechen kannst.

Ich hatte Sara vor ein paar Jahren kennengelernt, als ich in Stratford-upon-Avon einen Vortrag gehalten hatte. Sie lebt in Coventry, und über Facebook sind wir immer in Kontakt. Sara liebt ebenfalls alles mit Engeln, Kristallen und Spiritualität, und wir freuen uns immer über die Posts des anderen.

Sara war gerade in Avebury gewesen, aber sie hatte dort nicht die starke spirituelle Verbindung gefunden, die sie erhofft hatte, und jetzt erzählte ich ihr das Gleiche von meiner Reise nach Rosslyn. Ich sagte ihr, ich fühle mich sehr zu Glastonbury hingezogen, wisse aber nicht warum. Sie war schon einmal dort gewesen, aber nur für zwei Stunden auf der Durchreise. Es schien perfekt. Ich fragte sie, ob sie mich bei dem Abenteuer, die heiligen Stätten von Glastonbury zu besuchen, begleiten wolle, und zwei Wochen später begann unsere Reise.

Kichernd umarmten wir uns zur Begrüßung auf dem Hotelparkplatz. Wir hatten uns seit etwa einem Jahr nicht mehr gesehen, und wir hatten einiges aufzuholen, bevor wir in unseren Mietwagen stiegen und ins Zentrum von Avalon fuhren.

Glastonbury ist überwältigend, aber in einem wunderschönen Sinn. Die Energie dort ist sehr stark; zuerst war mir ein bisschen übel und mein Kopf pochte, aber ich hatte kein negatives Gefühl. Ich wusste, dass ich eine Veränderung erleben würde, musste jedoch erst einmal herausfinden, in welcher Hinsicht.

Wenn ich früher gehört hatte, wie Leute über Glastonbury redeten, war ich immer ein bisschen skeptisch, weil sie so davon schwärmten. So toll konnte es doch nun wirklich nicht sein, oder? Aber ich hatte mich geirrt – es ist wirklich magisch. An jeder Ecke passiert etwas Aufregendes, und die High Street ist voller Läden, in denen Kristalle, Spirituelles, Magisches und Heilendes verkauft wird.

Sara und ich schlenderten durch die Läden, wobei wir uns gegenseitig über die letzten Ereignisse in unseren Leben aufs Laufende brachten. Wir gingen in jeden Laden, der uns anzog und schauten uns alle Kristalle und Göttinnenfiguren an. Aber obwohl es ein paar hübsche Dinge gab, sprang mich nichts direkt an.

Das änderte sich schlagartig, als wir einen Laden betraten, der Stone Age (Steinzeit) hieß. Jeder spirituelle Freund auf Facebook hatte mir davon erzählt. Stone Age liegt in einer kleinen Gasse voller

Kristalle. Sie stecken in den Wänden, und es gibt zahlreiche wundervolle Abbildungen und Figuren dort, einschließlich eines riesigen Buddhas. Der Laden war zu, aber auf einem Schild an der Tür stand »Bin in 10 Minuten wieder da, also warteten wir und schauten schon einmal durchs Fenster. Der Laden funkelte. Überall schimmerten Kristalle im Licht. Dann erregte etwas meine Aufmerksamkeit. In der Mitte der Hauptauslage im Schaufenster stand eine schwarze Madonnenstatue aus Obsidian, etwa 30 cm hoch. Das Display rotierte langsam um 360°, und ich habe die Madonna mindestens 3o Umdrehungen lang betrachtet, weil plötzlich der Laden wieder offen war und wir drinnen standen.

Ich fühlte mich fast wie in Trance. Ich schaute mich im Laden um, konnte aber den Blick nicht von der Schwarzen Madonna wenden. Sie beherrschte meine Gedanken, aber ich wusste, sie würde mehr kosten als die Flüge und das Hotel zusammen. Ich musste einfach nach dem Preis fragen.

Die nette Dame hinter dem Tresen, die ein wallendes violettes Gewand trug, öffnete den Glasschrank. Sie nahm die Statue heraus und sagte: »Sie kostet 395 Pfund.«

»Danke«, sagte ich nur, und wir wandten uns schon zum Gehen.

Aber ich konnte einfach nicht durch die Tür gehen. Es war, als stünde dort ein massiver, großer Engel, der mir den Weg versperrte. Irgendetwas verpasste ich.

Da ich ja in Glastonbury war – wo jeder spirituell bewusst ist –, sagte ich: »Ich fühle mich sehr zu der schwarzen Madonna hingezogen. Es ist so, als ob ich ohne sie nicht gehen könnte, aber sie liegt ein bisschen über meinem Budget.«

Die Dame rief: »Lui, kannst du für die Schwarze Madonna im Schaukasten einen besseren Preis machen?«

Von oben kam eine Stimme: »Wie teuer ist sie denn?«

»395 Pfund.«

Ich hörte jemanden die Treppe herunterkommen.

Dann lächelte ein Mann mich an und sagte: »Sind Sie das, der die Schwarze Madonna will? Sie ist sehr mächtig.«

»Ich weiß – ich fühle mich sehr zu ihr hingezogen«, erwiderte ich.

»Ich lasse sie Ihnen für 100 Pfund weniger.«

»Verkauft.«

Fünf Minuten später verließ ich den Laden mit einem wesentlich schwereren Rucksack.

Chalice Well

Nach einer Ruhepause im Hotel fuhren wir wieder zurück nach Glastonbury. Wir hatten vor, Chalice Well zu besuchen. Dass dies ein interessanter Besuch werden würde, wusste ich, weil ich in meinem luziden Traum mit Maria Magdalena und den Myriam das *Vesica piscis*-Symbol gesehen hatte, das die gleiche Form hatte wie das Wasserbecken hinten in den Gärten der Quelle von Chalice Well.

Ich wickelte meine schwarze Madonna in ein Handtuch und nahm einige Kristalle mit mir, um sie im Wasser der Quelle zu reinigen und segnen zu lassen. Ich konnte es nicht verbergen – ich war total aufgeregt! Als ich Sara in ihrem Zimmer abholte, hüpfte sie genauso wie ich vor Freude auf und ab! Ich war so froh, dass jemand genauso wild auf den Ausflug war wie ich. Witzigerweise hatte auch Sara eine große Tasche mit Kristallen dabei, um sie im Wasser der Quelle zu reinigen.

Wir kamen am Eingang zu den Chalice Well Gärten an und kauften unsere Tickets. Die reizende Dame am Eingang gab uns eine Karte und Flaschen mit, in denen wir Quellwasser abfüllen konnten, um es mit nach Hause zu nehmen. Ich spürte den Energiewechsel sofort, als wir die Gärten betraten – wir wurden beide von gelassener Heiterkeit erfasst. Es war als ob sanfte Stille uns auf die Stirn küsste.

Da Sara noch zur Toilette wollte, wartete ich auf einer Bank neben dem *Vesica piscis*-Becken. Ich schloss die Augen, atmete tief und spürte, wie mein ganzes Sein sich öffnete.

Ich atmete bewusst, und auf einmal fuhr mir ein leichter Wind über den Nacken, so dass sich alle meine Haare aufrichteten. Ich öffnete die Augen und neben dem Wasserbecken stand einer der Myriam-Engel. Er war so hell und strahlend und sah so überirdisch aus – es war unbeschreiblich schön. Tränen traten mir in die Augen. Nach ein paar Sekunden verschwand der Engel, aber ich wusste, er war in meiner Nähe.

Ich warf einen Blick über die Schulter und sah Sara zurückkommen, aber ich hätte nicht sagen können, wie lange sie weg gewesen war. Ich stand auf und trat zu ihr. »Sie sind hier«, sagte ich lächelnd. Wir gingen tiefer in den Park hinein.

Im Hauptteil des Komplexes, kurz vor den heilenden Wasserbecken, stehen zwei riesige Eiben. Es sieht so aus, als seien sie die Hüter der Natur, die dafür sorgen, dass nur die Menschen mit Liebe in ihren Herzen dieses heilende Heiligtum betreten. Unwillkürlich umarmte ich einen dieser Bäume – sie fühlten sich ganz warm an.

In den heilenden Becken spielten Kinder im Wasser. Es war ein schönes Bild.

Wir gingen an ihnen vorbei und fühlten uns magisch angezogen vom Löwenkopfbrunnen. Dort angekommen, wusste ich, dass ich vom heilenden Wasser trinken musste. Die freundliche Dame am Eingang des Parks hatte erwähnt, dass das Wasser einen hohen Eisengehalt habe, und dass wir uns sicher erst nach einigen Schlucken daran gewöhnen würden. Daran dachte ich, als ich meine kleine Flasche zu füllen begann. Ich hielt sie hoch, betrachtete sie kurz und trank dann den ersten Schluck.

»Es schmeckt, es schmeckt wie …« Ich versuchte, einen passenden Vergleich zu finden.

»Wie Blut«, sagte Sara.
Sie hatte recht. Das Wasser schmeckte wie Blut. Für mich fühlte sich das so heilig an. Konnte es das Blut von Mutter Erde oder sogar das Blut Christi repräsentieren? Ich wusste sofort, dass hier eine Art von Initiation stattfand, ein Prozess, durch den ich meine Reise in die Vergebung abschloss. Ich hatte das Gefühl, wiederhergestellt zu werden, als ich mein »Eisenwasser« aus der Quelle trank.

Schweigend wuschen Sara und ich unsere Kristalle unter dem Wasserstrahl. Sara legte mit ihren Kristallen ein Gittermuster aus, während ich in stiller Meditation da saß und darauf wartete, meine Schwarze Madonna zu reinigen.

Ich kann mich noch gut an das Gefühl erinnern, wie das kalte Wasser über meine Arme lief, als ich sie unter den Strahl hielt. Ich taufte meine neue Ikone in Wasser, das nach Blut schmeckte. Sie wurde vom Blut der Mutter Erde gesegnet, während sie wie Christus mit Wasser gewaschen wurde – es war faszinierend. Ich hatte das Gefühl, mein Herz müsse platzen vor Liebe.

Dann nahm ich mein Handtuch und ließ die Statue in der kühlen Luft des Sommernachmittags trocknen.

Während wir noch dort saßen und die Atmosphäre genossen, kam eine asiatische Dame, um ihre Flasche an der Quelle zu füllen. Sie trug einen altmodischen Gärtnerhut und war weiß gekleidet. Um den Hals hatte sie einen hellroten Pashmina-Schal.

Ich rutschte mit meiner Schwarzen Madonna zur Seite. »Entschuldigung, ich mache Ihnen Platz.«

»Kein Problem. Was haben Sie denn da?«, fragte sie und zeigte auf meine Statue.

Ich hob die Schwarze Madonna hoch, damit sie sie sehen konnte.

»Es ist eine Schwarze Madonna. Ich habe sie hier in Glastonbury gekauft und habe sie gerade mit dem Wasser aus der Quelle gesegnet.«

»Madonna, sagen Sie? Mein Name ist der indische Name für Madonna oder Gottesmutter: Ich bin Shakti.«

»Wie schön, Sie kennenzulernen! Sie haben ja keine Ahnung, wie wichtig es für mich ist, das zu hören!«

Lächelnd ging die Dame.

»Was ist hier los?«, fragte ich Sara. »Ich fühle, dass das Göttliche genau jetzt bei uns ist – ich meine, mehr Zeichen, um zu bestätigen, dass sie mit uns auf der Reise sind, konnten sie nicht schicken.«

Ganz plötzlich setzte friedliche Musik ein. Es war ein Saxofon, und es waren die schönsten Klänge, die ich jemals gehört hatte. Es klang, als ob der Musiker ein Liebeslied für seine Partnerin spielte, aber ich hatte das Gefühl, dass das Göttliche ein Liebeslied für mich spielte.

»Höre nur ich die Musik in meinem Kopf, oder ist sie real?«

Sara begann zu lachen. »Nein, du Dummerchen, sie ist nicht in deinem Kopf! Es ist so, als ob die Engel für uns spielen würden.«

Auch sie war fasziniert von der Energie und den Ereignissen des Tages.

Die Zeit war wie im Fluge vergangen. Es war schon spät, und da der Park um sechs schloss, packten wir unsere Sachen ein und gingen zur obersten Quelle.

Mutter und Kind

Im Park gibt es eine Lichtung, fast wie eine kleine Freiluftkapelle, in der eine steinerne Statue von Mutter und Kind umgeben von Kerzen steht. Zwei Bänke sind aufgestellt, damit die Leute dort sitzen und friedlich meditieren können. Ich ging hinein, sah die Statue und meine Hellsichtigkeit setzte sofort ein. Ich spürte, dass die Mutter Maria Magdalena war, und ich war das Kind. Ich fühlte, wie Maria mich liebevoll im Arm hielt, während ich von einem roten Licht bedingungsloser Liebe verzehrt wurde. Ich sank auf die Knie, und eine unsichtbare Präsenz umfing mich, aber in meinem Geist konnte ich sehen, dass ich von der Geliebten gehalten wurde.

Nach einer Weile gelang es mir, wieder auf die Erde zurückzukehren. Ich nahm ein Teelicht aus meinem Beutel und zündete es auf dem Altar an, auf dem Mutter und Kind standen. Einige Momente stand ich still und dankbar davor, und meine Nana kam mir in den Sinn. Ich war erst vier Jahre alt gewesen, als sie starb, und sie hatte sich, als sie körperlich von der Erde ging, von mir verabschiedet. Wenn sie nicht zu mir gekommen wäre, würde ich nicht in der Position sein, in der ich jetzt war. Ich war dankbar. Ich war gesegnet.

Ich hatte keine Ahnung, wo Sara war, aber das spielte keine Rolle. Sie erlebte sicher ihre eigenen Verbindungen.

Schließlich erhob ich mich, und plötzlich standen die Myriam -Engel vor mir. Ich keuchte, so unerwartet war ihre Anwesenheit. Sie kamen immer näher, bis sie dicht vor mir standen. Ich stand Auge in Auge mit diesen Engeln – den Engeln, die unsere heilige Vision erwecken, den Engeln, die uns aus der Trauer holen, und den Engeln, die uns helfen, Vergebung zu verstehen.

Ich hatte das überwältigende Gefühl, dass die Myriam mich fragten, ob ich bereit sei, die Flügel des Vergebens voll zu verstehen und in ihnen zu leben – die Flügel, die sie trugen. Ich spürte, wie meine Seele laut und deutlich »Ja!« sagte. Dann verschmolzen die Myriam zu einem einzigen Wesen und wurden zu einem Lichtschwert, mit dem sie in mein Herz eindrangen.

Alles fühlte sich ganz normal an, aber ich schien auf einmal die Welt um mich herum in einem neuen Licht zu sehen. Konnte dies das Erwachen sein, nach dem ich suchte?

Rückblickend denke ich, dass ich, als ich die Myriam ansah, bedingungsloser Liebe ins Auge blickte, und ich dachte daran, wie es war, vollständig gehalten zu werden und Vergebung zu erlangen.

Es war eine Erfahrung, die ich niemals vergessen werde. Ich glaube, wenn wir wirklich beginnen, uns für das Wunder der Vergebung zu öffnen, weisen die Engel, die den Prozess leiten, uns so ein, dass wir Vergebung wahrhaft in der Welt repräsentieren können.

Danach gingen Sara und ich zur Brunneneinfassung und meditierten dort, um die Energie zu verarbeiten, die wir an jenem Tag empfangen hatten. Ich fühlte mich wundervoll. Es war, als habe sich jede Barriere, jede Blockade und jede Angst aus meinem Körper gelöst. Mit jedem Atemzug verließ die Angst meinen Körper und tiefere Liebe kam hinein.

Kurz bevor wir gingen, bat ich Sara, ein Foto von mir am Brunnenrand zu machen. Im Wasser trieb eine einzelne weiße Feder. Natürlich hätte sie von einem Vogel sein können, aber für mich war sie von Bedeutung, ein Zeichen und eine Erinnerung, dass ich jetzt in den Flügeln der Vergebung ging.

Visionen der Schwarzen Madonna

An jenem Abend war ich todmüde. Allein schon die Fahrt von Glasgow nach Bristol und von dort nach Glastonbury war anstrengend genug gewesen, ohne jetzt auch noch die Begegnungen mit Maria Magdalena und den Engeln der Vergebung mitzuzählen.

Sara und ich plauderten, bereits im Pyjama, bei einer Pizza, und dann gingen wir zu Bett. Als ich in meinem Zimmer lag und die Ereignisse des Tages noch einmal überdachte, sprang ich sofort wieder auf und holte die Schwarze Madonna aus meinem Rucksack. Ich wickelte sie aus dem Handtuch und stellte sie auf meinen Nachttisch, sodass sie in meine Richtung blickte. Dann setzte ich mich mit meinem Tagebuch ins Bett und schrieb ein Gebet, um die Erfahrungen des Tages noch einmal Revue passieren zu lassen. Hier ist es, Wort für Wort, vom 10. Juli 2014:

Geliebt
Hier stehe ich, nackt und vorbereitet,
denn ich bin bereit, Vergebung kennenzulernen,
ich bin bereit, Vergebung zu teilen,
und ich lebe jetzt in den Flügeln der Vergebung.
In vollständiger Demut bin ich entblößt,
teile mein reales Sein mit der Welt,
denn ich habe jetzt die Liebe akzeptiert, auf die ich ein
Recht habe.
Ich bin das Kind der Menschheit, ein Ausdruck des Lichts,
das Echo von Gottes Liebe.
Ich erinnere mich an meine wahre Identität und akzeptiere
sie jetzt,
Engelschöre kommen zu mir.
Heilige Engel und Erzengel umgeben mich jetzt.
Sie haben den Weg bereitet.
In vollständigem Vertrauen nehme ich ihre Führung an,
denn heute werde ich geehrt und geliebt.
Ich bin der Geliebte.

Mit Tränen in den Augen und einem tiefen Gefühl der Liebe saß ich in meinem Bett. Ich hatte das Gefühl, die Vergebung würde durch mich hindurch laufen – ich war vorbereitet und hatte es verstanden. Ich meditierte fünf Minuten lang, dann machte ich das Licht aus und schlief ein.

In den frühen Morgenstunden weckte mich etwas auf. Meine Augenlider waren so schwer, dass ich sie kaum aufhalten konnte, aber schließlich gelang es mir, zuerst mein rechtes und dann mein linkes Auge zu öffnen. Über mir schwebte roter Dunst. Und seltsamerweise empfand ich Unbehagen.

Aus dem Nebel tauchte ein dunkles Frauengesicht auf und blickte mir bis in die Seele. In jenem Augenblick konnte ich mich nur ergeben. Das Gesicht verzehrte alle Dunkelheit aus meinem Körper. Es war, als wolle es mir alle Aspekte, die zu meiner Reise in die Vergebung nicht beitrugen, aus dem Herzen, dem Geist und der Seele reißen.

Es war seltsam, weil ein Teil von mir Angst hatte, und ich nicht weiß, warum. Also rief ich einen Engel an, von dem ich wusste, dass er mich nicht im Stich lassen würde: »Ich danke dir, Erzengel Michael, dass du jetzt bei mir bist und dafür sorgst, dass mir nichts geschieht.«

Ich spürte, wie Michael und seine Engel sich um mich versammelten. Sofort atmete ich leichter und glitt zurück in tiefen Schlaf.

Am nächsten Morgen schlief ich durch bis fast zehn Uhr. Sara hingegen hatte eine ruhige Nacht verbracht und war voller Tatendrang bereits in der Dämmerung aufgewacht.

Tiefere Erkundung

Am Tag 2 fuhren wir wieder nach Glastonbury, um einzukaufen und die großartige Stadt zu erkunden. Wir hatten gehört, dass es oben an der Straße, auf der wir uns gerade befanden, einen Schokoladenladen gab, deshalb beschlossen wir, dorthin zu gehen. Es war toll, sich so mit der Energie der Vergebung verbunden zu fühlen und sich dabei auch noch Schokolade zu gönnen!

Wir kauften dunkle Maulbeeren-Schokolade (die unglaublich gut schmeckte!) und begegneten dabei im Laden Saras Freundin Ruth und ihrem Freund Phil. Das war lustig, weil wir gerade von Ruth gesprochen hatten. Sie ist reizend, engagiert sich sehr für Tiere, kämpft gegen Grausamkeit ihnen gegenüber und unterstützt Umweltkampagnen. Wir plauderten, und ich begann, ihr über mein Abenteuer zu erzählen. Sie sagte: »Warst du denn schon einmal Maria Magdalena nahe? Es gibt hier eine Kapelle, St. Margaret, in der eine wundervolle Energie herrscht.«

Ich wurde ganz aufgeregt. »Oh, mein Gott! Können wir dorthin gehen?«

Sie nickte lächelnd, und wir machten uns auf den Weg.

Plaudernd gingen wir die High Street entlang, als plötzlich ein Mann Sara einen kleinen Zettel reichte. Sie drehte sich zu mir um und sagte: »Das ist ja unglaublich – du wirst es nicht glauben!« Sie reichte mir das Blatt Papier.

Es war eine Passage über Maria Magdalena. Angeblich war sie nach Glastonbury gekommen, als sie aus dem Heiligen Land floh. Es gab keinen Zweifel – ob sie nun tatsächlich nach Glastonbury gekommen war oder nicht, jetzt war sie definitiv bei uns.

Die Kapelle war komplett leer. Nur ein paar Bänke standen an den Seiten. In der Mitte war ein großer leerer Raum.

Ruth sagte: »Ich glaube, ich muss ein paar Klänge verbreiten, damit wir die Energie binden, die uns heute bewegt.«

Wir stellten uns alle im Kreis auf und hielten uns an den Händen. Sie begann mit einer hohen, fast roboterhaften Stimme wundervolle Engelsklänge von sich zu geben. Es waren keine Worte, nur Klänge, aber sie sprachen zu meinem Herzen. Ich bekam Gänsehaut, und das Gefühl, Engel seien im Raum, überwältigte mich. Der Klang wuchs und wuchs, und plötzlich wurde mir klar, dass Ruth göttliche weibliche Energie für uns channelte. Es war wundervoll.

Schließlich hörte sie auf, und wir setzten uns alle auf den Boden. Da erst fiel mir auf, dass Kerzen und ein Spendenkasten in der Kapelle standen. Ich trat zu den Kerzen, um eine anzuzünden, und sah, dass zwei Figuren daneben standen. Eine war die der heiligen Margaret von Schottland und die andere war meine geliebte Maria Magdalena. Ich sagte ein stummes Gebet. »Danke, Maria Magdalena und danke, Myriam, dass ihr zu mir gekommen seid und uns noch mehr von euch enthüllt habt!«

Ruth sagte: »Es möchte noch mehr Klang heraus.« Rasch stellten wir uns wieder mitten in der leeren Kapelle auf. Dieses Mal waren die Töne sehr tief und maskulin. Wir schlossen die Augen, als sie die göttliche Stimme heilend in den Raum richtete. Aber dann hielt ich es nicht mehr aus und öffnete meine Augen wieder. Ich wollte sehen, was passierte.

Alle um mich herum waren in reines weißes Licht getaucht wie das der Myriam. Die Stimme, die aus Ruth kam, war göttliche männliche Energie, wie Christus-Energie. Wir waren vom weiblichen und männlichen Göttlichen gesegnet.

Etwas erregte meine Aufmerksamkeit – ein rein weißer Schmetterling. Er kam durch die Tür und flatterte um uns herum. Mir fiel ein, wie ich in meinem Buch *Engelgebete* erklärt hatte, dass ein Schmetterling eine Botschaft vom Himmel sein könnte um jemandem zu sagen, er müsse keine Schmerzen mehr erleiden. Es war ein wahres Zeichen der Transformation. Ich hatte das Gefühl, dieser Schmetterling war mein höheres Selbst, das sagte: »*Transformation*«. Es war, als ob ich über die Grenzen des Schmerzes hinausging.

Der Angst entgegentreten

Wir waren jetzt fast überall in Glastonbury gewesen, auch am Tor. Dort unter dem Turm von St. Michael zu stehen, war unglaublich. Es gab nur einen Ort, den wir noch nicht besucht hatten, und ich weiß wirklich nicht, warum wir ihn uns bis zuletzt aufgespart haben, aber die Engel wussten es anscheinend. Es war die Weiße Quelle.

Ich dachte, das sei ein klarer weißer Bach, der durch die Wiesen plätscherte, aber ich hatte mich geirrt. Um dorthin zu kommen, gingen wir am Chalice Well vorbei, bogen dann links ab und gingen einen kleinen Hügel hinauf. Nach etwa 300 Metern stießen wir auf ein altes, viktorianisches Gebäude, vor dem eine Gruppe von Leuten saß.

Ein Mann begrüßte uns und sagte: »Keine Handys, keine Taschenlampen, keine Fotos.« Ich blickte in das Brunnenhaus. Außer ein paar flackernden Kerzen war nichts zu erkennen. Sofort zog ich meine Schuhe aus und ging mit Sara hinein. Ruth und ihr Freund Phil gingen ihrer eigenen Wege.

Sara flüsterte mir zu: »Ich habe ein bisschen Angst hier drin. Ich weiß nicht, ob ich mich in einem so dunklen Raum, den ich nicht kenne, wohl fühle. Das macht mir Angst.«

»Wirklich?«, erwiderte ich. »Du brauchst keine Angst zu haben – hier sind überall Engel.«

Zuerst war es stockdunkel, aber nachdem sich meine Augen an die Dunkelheit gewöhnt hatten, sah ich Becken in der Mitte des Brunnenhauses, in denen kleine Kinder badeten. Die Eltern saßen am Rand.

Ich verfiel in den Modus, der mich immer überkommt, wenn ich heilige Orte besuche – ich bewegte mich wie auf Autopilot. Mein Körper ging zur hinteren linken Ecke im Raum. Wie im Traum stand ich auf einmal vor einer Statue der Schwarzen Madonna, die in Kerzenschein getaucht war. Sie stand direkt vor einem kleinen Becken, durch das Wasser lief. Ich wusste, dass ich hineingehen musste – ich musste von diesem heilenden Wasser gesegnet werden.

Ich setzte mich auf den Rand des Beckens, krempelte meine Shorts so weit um, wie es ging und steckte die Füße in das eiskalte Wasser. Es reichte mir bis an die Oberschenkel und war wirklich *eiskalt*, aber das kümmerte mich nicht – ich wusste, dass Heilung stattfand.

Ich spürte, wie ich mich noch mehr der Schwarzen Madonna hingab. Mir wurde klar, dass ich sie in der Nacht über meinem Bett gesehen hatte, und dass in der Schwärze, obwohl es im Raum so dunkel war, ganz viel Licht war.

Die Energie der Schwarzen Madonna wirbelte um mich herum, und ich ließ zu, dass sie mir die Ängste nahm, die zwischen mir und der Vergebung standen. In diesem Augenblick wurde mir klar, dass sie ein Aspekt der Göttin und zugleich auch ein Aspekt von Maria Magdalena war. Ich wurde befreit.

Im Geiste sah ich die Myriam und Engel aus reinem weißem Licht, die von meinem Sein den letzten Rest an Dunkelheit nahmen, der nicht mehr da zu sein brauchte. Die Schwarze Madonna nahm mir alle meine Angst. Ich wurde rein gewaschen. Ich wurde in heiligem, heilendem Licht getauft.

Dunkelheit ist etwas, was viele Menschen fürchten, weil es das Unbekannte verbirgt und schwer zu kontrollieren sein kann. Aber ohne Dunkelheit gibt es auch kein Licht.

Die Schwarze Madonna ist ein Aspekt des Göttlichen, der das Unbekannte repräsentiert. Sie besitzt die wundervolle Fähigkeit, uns erkennen zu lassen, dass unsere Ängste nicht so schlimm sind, wie wir denken – sie ist eine Erinnerung, dass wir alle ein Kanal reiner Quellenenergie sind.

Die Schwarze Madonna ist in jedem Mann und jeder Frau. Sie ist der tief im Inneren verborgene, emotionale Aspekt von uns, den wir niemandem enthüllen. Sie lässt uns weitermachen, auch wenn unsere Angst fast zu groß ist. Sie hilft uns, daran zu denken, dass es Licht gibt und wir das Licht sind, das durch die Dunkelheit scheint wie ein Stern am Nachthimmel.

Ich blieb kurz im Becken und ließ die Energie los, die meine Angst verursacht hatte. Danach hatte ich das Gefühl, es würde radikale Veränderungen in meinem Leben geben, die mich zu einer größeren Quelle des Lichts machen würden. Ich wusste zwar nicht, was passieren würde, aber ich vertraute darauf, dass das passieren würde, was passieren musste, weil ich in den Flügeln der Vergebung stand und die göttliche Energie um mich herum mir die Sicherheit gab.

Draußen setzte ich mich mit meinen Freunden still hin, sodass sich meine Seele, mein Körper und mein Geist auf das einstellen konnten, was geschehen würde. Ich wusste, dass meine Erforschung der Vergebung dem Ende entgegenging. Glastonbury war auf dieser Reise eine wahre Quelle des Lichts gewesen. Ich fühlte mich ekstatisch, ergriffen und leichter, als ich es je für möglich gehalten hatte.

Ich bin Vergebung

Nach diesem ereignisreichen Tag fuhren Sara und ich zurück ins Hotel, nachdem wir uns bei Ruth und Phil für ihre Unterstützung bedankt hatten.

Es war Vollmond, und obwohl noch die Sonne schien, war auch der Mond schon aufgegangen.

»Dämmerung«, sagte ich und warf Sara einen Blick zu.

Mit Kleidern und Schuhen legte ich mich aufs Bett und versuchte zu verarbeiten, was an diesem Tag passiert war. Immer wieder kehrte mein Geist zu all den Synchronizitäten, Geschehnissen und Visionen in Glastonbury zurück. Es war schon verblüffend, dass wir über Maria Magdalena sprachen, und dann ein Mann Sara auf der Straße einen Zettel mit Informationen über Maria Magdalena gab. Oder auch, dass ich eine Schwarze Madonna gekauft hatte und dann feststellte, dass auch eine in der Weißen Quelle stand.

Ich hatte das Gefühl, Vergebung endlich vollständig zu verstehen. Ich hatte die Dunkelheit in meinem Leben überwunden und das Licht meiner Seele angenommen. Aber ich hatte auch das Gefühl, dass noch irgendetwas kommen würde, dass diesen Prozess vervollständigte.

Nach einem kleinen Schläfchen und einer Dusche beschloss ich, noch ein letztes Mal den Hügel Tor hinaufzulaufen. Es war Vollmond und ein wunderschöner Sommerabend. Morgen würde ich wieder nach Hause fahren – ich musste meine Reise stilvoll beenden.

Als ich Sara meinen Vorschlag unterbreitete, sagte sie: »Ich wollte gerade dasselbe sagen – lass uns gehen!«

Den Glastonbury Tor hinaufzugehen ist eine beglückende Erfahrung. Es dauert zwischen zehn und zwanzig Minuten, je nachdem, wie viel Energie du hast. Es ist ziemlich steil, aber ich gehe gerne, und der Gang zum St. Michaelsturm an der Spitze kommt einem vor wie ein heiliger Pilgermarsch.

Sara und ich gingen in unterschiedlichem Tempo – ich war ein wenig schneller. Jetzt zahlten sich alle Yoga-Sonnengrüße aus!

Oben hatten sich zahlreiche Menschen versammelt, um den Sonnenuntergang zu beobachten und zu sehen, wie der Vollmond aufging. An einem Punkt standen der Mond links von uns und die Sonne rechts von uns – in perfektem Einklang nebeneinander.

Ich hoffe, dir ist in diesem Buch aufgefallen, was ich für äußerst wichtig in der Spiritualität halte: Gleichgewicht. Ich halte mich gern an *Ein Kurs in Wundern*, aber dir ist wahrscheinlich auch aufgefallen, dass es in diesem Text nur um »Er« geht. Ich hoffe, meine Faszination für und meine Verbindung mit dem göttlichen »Sie« hat auch für dich das Gleichgewicht hergestellt. In der heidnischen Spiritualität repräsentiert die Sonne immer Gott, während der Mond das göttliche Weibliche verkörpert. Ich fühlte mich jedenfalls oben auf dem Tor in völligem Gleichgewicht, weil sowohl Sonne als auch Mond auf mein Leben schienen.

Es war eine faszinierende Erfahrung dort oben, und Sara und ich bedankten uns beim Universum in der Form von Sonne und Mond, Gott und Göttin.

Eine Begegnung mit der Vergebung

Wieder im Hotel betrachteten wir all die Schätze unserer Reise und unterhielten uns darüber, wie wundervoll es war, dort gewesen zu sein. Mein Handy unterbrach unser Gespräch. Mein Freund George hatte eine Nachricht geschickt. Er schrieb, einer unserer gemeinsamen Freunde habe mich in einem Post erwähnt, und fragte, ob ich es gesehen hätte.

Mir wurde übel. Kurz zuvor hatte besagter Freund mich aus heiterem Himmel online gelöscht und blockiert. Unsere letzte Nachricht war noch voller Lächeln und Liebesherzchen gewesen, aber anscheinend hatte er sich über etwas geärgert. Ich beschloss, George anzurufen.

»Hi, Mann! Was schreibt er denn?«

»Tut mir leid, dass du es von mir erfährst, Kyle, aber ich wusste ja nicht, dass zwischen euch was nicht in Ordnung war.«

»Ich wusste das auch nicht.«

Offensichtlich hatte die Person, die ich einmal als guten Freund betrachtet hatte, betrunken Dinge gepostet wie »sein Buch ist ein Haufen Scheiße« und »er verdient es, in der Hölle zu verfaulen«.

Ich fühlte mich so verraten. Meine Gedanken überschlugen sich. So oft hatte ich diesen sogenannten Freund in schwierigen Situationen unterstützt. Warum tat er mir das jetzt an? Und was konnte *ich* dagegen tun? Mein Ego trat in Aktion und setzte mir Ideen in den Kopf. Ich stand Auge in Auge mit der Angst.

George unterstützte mich sehr, aber ich wusste, dass es ihm nicht gefiel, derjenige zu sein, der mir von den Posts erzählt hatte. Und die ganze Zeit über saß Sara neben mir und fragte sich, was los war.

Nach etwa 10 Minuten voller Wut, Frustration und Angst hörte ich in mich hinein. Ich ließ gerade zu, dass mir jemand einredete, ich sei verlogen, obwohl ich das nicht war, und ich ließ jemand anderen entscheiden, wie ich mich fühlte. Dabei hatte ich doch selber die Wahl.

Ich erinnerte mich an die Lehren von *Ein Kurs in Wundern* und mir wurde klar, dass ich jede »Angriffs«-Idee aus meinem Kopf verbannen musste, wenn ich Frieden erfahren wollte. Ich rief mir meine Ganzheit ins Gedächtnis. Ich rief mir meine Integrität ins Gedächtnis. Ich sagte mir, ich müsse nichts beweisen.

Und dann fiel mir ein, dass ich Angst oder Liebe wählen konnte. Ich wusste, dass ich durch Vergebung zu meinem natürlichen Zustand der Liebe zurückkehren würde. Also musste ich vergeben.

Sara saß schweigend neben mir, als ich mich auf diesen Weg begab. Wie ein Schutzengel unterstützte sie mich in meiner Herausforderung, ließ mir jedoch die Wahl, wie ich damit umging.

Ich setzte mich in Meditationsposition auf den Boden, im Schneidersitz, die Hände mit den Handflächen nach oben auf den Knien. Ich stellte mir vor, vom Licht umgeben zu sein, und dachte an die Myriam-Engel. Ich holte sie durch Visualisierung nahe zu mir und wusste, dass sie da waren. Ich übergab ihnen den Kummer, den diese Situation mir verursachte, und erinnerte mich, dass ich bereits ganz und geheilt war. Laut sagte ich: »Ich danke euch, dass ihr mir mehr Wege enthüllt, wie ich vergeben kann!« Dann stellte ich mir vor, wie Liebe aus meinem Herzen zu der Person kam, die ihre Gedanken über mich ins Internet gestellt hatte. Und ich fühlte mich frei.

Ich wusste, dass ich nie wieder mit dieser Person sprechen würde, aber in gewisser Weise beobachtete er mich. Ich postete einfach nur: »Ich liebe dich und vergebe dir«, und ich empfand riesige Erleichterung. Da wusste ich, dass die Vergebung bei mir begonnen hatte. Die Myriam, die am Altar der Muttergottes mit Kind in Chalice Well mein Herz durchdrungen hatten, hatten getan, was nötig war. Ich wusste, wie ich vergeben musste. Ich ging nun wahrhaft in den Flügeln der Vergebung.

Es war ein wenig überraschend, dass ich die gesamte Situation innerhalb von dreißig Minuten hinter mir lassen konnte. Ehrlich gesagt, es war wundervoll! Aber es war so.

Ich dankte Sara, weil sie mich auf meiner Reise nach Glastonbury begleitet hatte. Und sie hatte das Gefühl, dass auch ich ihr geholfen hatte. Zwischen uns herrschte echtes Gleichgewicht. Unsere Freundschaft war durch die Begegnungen und Ereignisse, die wir erfahren hatten, noch gestärkt worden. Sie reiste am nächsten Morgen als Erste ab, deshalb verabschiedeten wir uns und gingen zu Bett.

Glastonbury half mir, wahre Vergebung zu erfahren, und dafür werde ich auf ewig dankbar sein.

11

DIE MEISTER DER VERGEBUNG

Wunder sind natürliche Zeichen der Vergebung.
Durch Wunder nimmst du die Vergebung Gottes an,
indem du sie auf andere ausdehnst.

EIN KURS IN WUNDERN

Es gibt eine ganze Menge mächtiger spiritueller Wesen, Engel, Meister, Götter und Göttinnen, die bereit sind, uns auf unserer Reise in die Flügel der Vergebung zu unterstützen. Wir können sie jederzeit anrufen – sie sind nicht an Zeit oder Raum gebunden. Sie sind hier im gegenwärtigen Augenblick und warten auf unseren Ruf. Diese Meister der Vergebung gehen über jede Religion hinaus, auch wenn manche von ihnen etwas damit zu tun haben. Sie sind nicht benannte spirituelle Führer bedingungsloser Liebe, und sie sind bereit, uns zum Frieden zu bringen.

Religion hat mich seit meiner Kindheit fasziniert, aber ich habe gelernt, dass wir sie zwar hier auf der Erde haben, sie jedoch im Himmel eigentlich nicht existiert. Engel haben mich in meiner täglichen Praxis gelehrt, dass Glaubenssysteme einfach nur unterschiedliche Wege sind, die alle zum selben Ort führen: zur Liebe. Im Himmel bleibt nur Liebe – es ist ein Raum des Friedens und der Akzeptanz, und diese göttlichen Wesen können uns helfen, ihn auch auf der Erde zu schaffen. Wir beginnen in uns selber.

Wir können diese Wesen anrufen, ohne der Religion angehören zu müssen, mit der sie vielleicht verbunden werden – sie sind mehr als das. Letztlich sind sie die Verkörperung des Göttlichen von kompletter, äußerster Akzeptanz.

Wir sind bereits einigen Engeln und aufgestiegenen Meistern begegnet, die uns bei der Vergebung helfen können. Zur weiteren Übung hielt ich es für sinnvoll, wenn du in diesem Buch einen Raum hast, wo du mit diesen Meistern direkt kommunizieren kannst.

Ich nenne diese Wesen zwar »Meister«, das bedeutet aber nicht, dass sie besonderer sind als wir und dass wir sie anbeten sollten. Sie sind eher Wesen, die wir respektieren und anrufen können, weil sie sich der Aufgabe widmen, der Menschheit zu dienen.

Jedes dieser Wesen hat ein anderes Gesicht – ihre Hülle ist unterschiedlich –, aber im Inneren sind wir alle Licht und die Essenz von Liebe. Aufgestiegene Meister sind Wesen, die dieses Licht erkannt haben, und sie sind da, um uns dabei zu helfen, es auch in uns selbst und anderen zu erkennen. Sie wollen uns helfen zu vergeben.

In diesem Kapitel habe ich die Engel und Meister zusammengestellt, die in diesem Prozess hilfreich sein können. Es sind Wesen, zu denen ich mich besonders hingezogen fühle, und die ich in meiner spirituellen Praxis anrufe – es wäre nicht richtig von mir, diejenigen aufzuführen, mit denen ich nichts zu tun habe –, aber die Liste endet damit natürlich nicht. Du kannst alle Heiligen, lieben Menschen, Göttinnen und Götter anrufen, die dir nahe sind.

Diejenigen unter euch, die es schwierig finden, sich an ein spezifisches Wesen statt an die Energie des Einsseins zu wenden, sollten es so sehen: Diese Wesen repräsentieren das Einssein, und sie repräsentieren universelle Liebe. In meinen Augen sind sie universelles Bewusstsein, so ausgedrückt, dass wir es verstehen können und eine persönliche Beziehung dazu haben.

Wenn du nicht an einen bestimmten Meister oder Heiligen glauben willst, denke daran, dass überall auf der Welt Menschen diese Wesen mit großem Glauben und Verehrung im Herzen anrufen. Selbst wenn sie nicht »real« sind, macht alleine dieser Glaube die mit ihnen verbundene Energie so mächtig, dass es ein großer Verlust wäre, sie einfach zu verschwenden. Also heiße sie in deinem Leben willkommen.

Aufgestiegene Meister

Jesus

Jesus überbringt die Wahrheit. Er ist ein Licht für das gesamte Universum und ein lebender/sterbender/spiritueller Beweis dafür, dass Vergebung möglich ist. Als er lebte und auf der Erde wandelte, wurde er für seinen Glauben und seine Lehren verfolgt, und doch liebte er seine Brüder und Schwestern auf dieser Erde.

Jesus ist überall zugleich. Er ist in diesem Moment direkt bei dir. Er wartet auf deinen Ruf und mit der Hilfe seiner heiligen Engel kann er dich wieder zu deinem natürlich, lichterfüllten Selbst zurückführen.

Wenn du Jesus anrufst, bringt er Licht in deinen Geist und hilft dir zu sehen. Seine Präsenz entfernt alles, was dich daran hindert zu sehen, und alle Blockaden, die zwischen dir und dem Wunder, das du suchst, stehen. Er ist die Stimme der Liebe, und seine Präsenz hallt in deinem Herzen wider. Sie wartet nur darauf, dass du Vergebung akzeptierst. Er hilft dir, das Licht in anderen zu sehen, sodass du ein Leben voller Wunder führen kannst.

Jesus mag ein spiritueller Lehrer sein, aber er liebt es, als Freund und Bruder anerkannt zu werden. Er kommt als Gleicher zu dir, und er bittet dich, ihn nicht anzubeten, sondern zu sehen, dass du alles hast, was auch er hat. Jesus ist die Stimme des Geistes, die dir hilft zu erkennen, dass Vergebung die *einzige* Wahl deiner Seele ist – er hilft dir, die Stimme der Angst auszulöschen.

Dein Licht ist immer da, aber es wird bei den Herausforderungen des Lebens sehr leicht vergessen und verborgen. Wenn du an Jesus denkst, kommt er wie eine brennende Fackel in deinen heiligen Tempel und erleuchtet ihn, sodass du klar und deutlich sehen kannst. Allein mit seiner Präsenz erhellt er die Dunkelheit, sodass du in die Akzeptanz und Vergebung Gottes gehen kannst.

Rufe Jesus an, damit er dir hilft:

➤ zu heilen
➤ denen zu vergeben, die dich verletzt haben, ob emotional oder körperlich
➤ daran zu denken, dass Liebe real ist
➤ zu akzeptieren, dass Gottes einziger Plan für dich Liebe ist.

Hier ist ein Gebet an Jesus:

>»Lieber Jesus,
> danke, dass du vorne in meinem Geist stehst und mir hilfst, die Wahrheit zu sehen. Wie eine brennende Fackel scheint dein Licht in alle vier Ecken meines Seins und nimmt alle Dunkelheit und allen Zweifel weg.
> In deine Präsenz gehe ich jetzt ein, und ich heiße deine bedingungslose Akzeptanz und Liebe willkommen, weil mir klar wird, dass Vergebung ein natürlicher Teil von mir ist. Ich weiß, dass ich nie wirklich verletzt werden kann, da ich ein Lichtwesen bin. Ich bin sicher, Jesus, und ich weiß, dass du mich liebevoll führst.
> Ich heiße dich nun willkommen, damit du auf alle Bereiche bei mir und in meinem Leben zeigst, die meine Vergebung erfordern. Mit deiner Hilfe treffe ich die wunderbare Entscheidung, zu vergeben und Vergebung zu erlangen.
> Ich danke dir, mein Freund und Bruder.
> Und so ist es!«*

Maria Magdalena

Für mich ist Maria Magdalena die Frau, die Jesus' maskuline Energie ausgleicht. Auch diese wundervolle Frau hat einmal auf der Erde gelebt und wurde wegen ihres Glaubens, ihrer Lehren und ihren hellsichtigen Visionen genau wie ihr Freund und Lehrer angegriffen und misstrauisch beobachtet. Sie weiß, was es bedeutet zu vergeben.

Maria Magdalena ist die Aufgestiegene, die unsere Menschlichkeit nachempfinden kann, weil auch sie von ihrem emotionalen Selbst herausgefordert wurde. Auch sie vergoss Tränen, wenn sie einen Verlust erlitt, und wenn andere ihre Lehren bezweifelten. Aber aus ihrer Stärke, ihrem Mut, ihrer Entschlossenheit und ihrem Glauben zog sie die Kraft, zu lehren und zu heilen.

Maria kommt zu dir und hilft dir, ein aufrechter Verfechter der Liebe zu sein. Die Essenz von Magdalena dringt in die Höhle deines Herzens und hilft dir, die Fähigkeit zu wecken, für das einzustehen, an das du glaubst. Sie hilft dir, der Wahrheit deiner Seele zu folgen, auch wenn du auf dem Prüfstand stehst. Sie ist die perfekte Führerin für alle Lichtarbeiter.

Die Energie von Magdalena und ihren Engeln hilft dir auch, deine innere Vision zu wecken. Sie hilft dir, alle Barrieren einzureißen, hinter denen du dich – wenn es nach deinem Ego ginge – verstecken sollst. Mit ihrer Hilfe wirst du dir klar darüber, dass du dich von Konflikt und Angriff lösen musst, um Frieden zu erreichen. Maria Magdalena hilft dir, zu deiner wahren Essenz – Liebe – zu stehen und sie mit der Welt zu teilen. Wenn du Maria Magdalena anrufst, wirst du großartige Veränderungen im Leben erfahren. Sie wird dir nicht nur helfen zu verstehen, was Vergebung ist, sondern dir auch zeigen, wie du den Weg der Vergebung *leben* kannst. Marias Botschaft kommt in dieser Zeit zu dir, und sie erinnert dich daran, dass die Seele unzerstörbar ist und du die Fähigkeit besitzt, stark und integer zu sein. Sie ist voller Vergebung, und auch du wirst es mit ihrer Hilfe sein.

Bitte Maria Magdalena um Hilfe bei:
- der Ehrung deiner Begabungen
- dem Verständnis von Vergebung
- der Überwindung von Zweifeln
- der Verbindung zur Führung deines Herzens
- der Öffnung deiner hellsichtigen Fähigkeiten.

Hier ist ein Gebet an Maria Magdalena:

>*Maria von Magdala, die du bekannt bist als Magdalena,*
>*ich danke dir, dass du zu dieser Zeit bei mir bist. Ich heiße*

*deine Essenz in der Höhle meines Herzens willkommen, da du
in mir die Fähigkeit entzündest, zu vergeben und Vergebung zu
erlangen.*

*Ich bin jetzt bereit, dir zu folgen und in meiner Kraft zu stehen,
um der Menschheit zu dienen und mit Liebe zu führen.*

*Ich danke dir, weil du die Stimme des Egos mit deinem leuch-
tend roten Licht zum Schweigen bringst und die Stimme des
Geistes verstärkst, sodass ich meiner spirituellen Wahrheit
folgen kann. Ich heiße deinen Schutz und deine Stärke willkommen.*

*Ich danke dir, dass du meine Schwester im Licht bist. Deine
Hilfe ist jetzt und hier willkommen.*

Und so ist es!«

Maria, die Muttergottes

Die Muttergottes war immer schon ein wahres Bild der Liebe in meinem Leben. Meine erste Begegnung mit ihr hatte ich, wie schon berichtet, in der Kirche mit meiner Nachbarin, die ein Gebet sprach und
eine Kerze für meine Großmutter, die im Sterben lag, anzündete. Ich
habe immer geglaubt, dass Maria, obwohl sie mit dem katholischen
Glauben in Verbindung gebracht wird, eine Gestalt bedingungsloser
Liebe für jeden ist, der sie anruft, unabhängig von Bekenntnis, Religion oder Geschlecht. Sie kommt zu jedem, der sich an sie wendet.

Diese kraftvolle Gestalt gilt auch als die Königin der Engel, weil sie
unermüdlich mit dem Engelreich arbeitet, um Frieden, Vergebung
und bedingungslose Liebe zu den Menschen zu bringen. An sie können wir uns alle wenden, weil wir alle eine Mutter, Großmutter oder
andere mütterliche Figur in unserem Leben hatten.

Maria sieht jeden Mann, jede Frau, jeden Jungen, jedes Mädchen
als ihr eigenes Kind an. Mit ihrem blauen, reinigenden und schützenden Licht gibt sie uns Sicherheit. Wie eine große, liebevolle Umar-
mung kommt sie direkt in unsere Seele und erinnert uns daran, dass
Liebe unser natürlicher Zustand ist. Sie löst allen Groll und Widerstand auf, der uns von einem glücklicheren, ausgeglicheneren Leben
zurückhält.

Rufe die Muttergottes um Hilfe an, damit sie:

> ➢ dir die Angst nimmt, die zwischen dir und der Vergebung steht
> ➢ dir bei allen Aspekten der Vergebung in der Kindererziehung und Mutterschaft zur Seite steht
> ➢ dir ein sicheres, beschütztes Gefühl vermitteln kann
> ➢ dafür sorgt, dass Vergebung dort stattfindet, wo sie benötigt wird.

Hier ist ein Gebet an die Muttergottes:

>*»Heilige Mutter Maria, Königin der Engel und Mutter unseres Planeten,*
>*ich danke dir, dass du mich mit deinem Segen des Friedens bedenkst. Ich weiß, dass mit deiner Hilfe Vergebung zu mir und zu diesem Planeten kommt. Danke, dass du bei mir bist und mich in deinen blauen Umhang der Weisheit hüllst, damit ich alle harten Urteile über mich, andere und diesen Planeten loslasse. Ich fühle mich sicher und genährt von deiner Liebe, wenn ich Vergebung wähle und mich befreie.*
>*Und so ist es!«*

Buddha

Das Wort »Buddha« bedeutet »Erwachter«, und genau das ist mit Siddartha Gautama geschehen, wie er einst geheißen hat. Er war ein reicher, indischer Prinz, der von seinem Vater verwöhnt, vor der realen Welt und ihrem Leid beschützt wurde, aber eines Tages ritt der Prinz mit seinem Diener aus den Palastmauern hinaus und begegnete einem alten Mann, einem Fieberkranken und einem verwesenden Leichnam – er konnte nicht begreifen, was geschah.

An jenem Abend verließ der Prinz sein Heim und seinen Reichtum und machte sich auf die Suche nach etwas, was das Leiden der Welt beenden und der Menschheit Frieden bringen würde.

Bei seiner Suche geriet er von einem Extrem ins andere, und schließlich trennte er sich von all seinem Besitz und führte von da an ein asketisches Leben. An einem Punkt ernährte er sich nur von drei Sesamkörnern am Tag. Aber er fand immer noch nicht, wonach er suchte. Da beschloss er, sich so lange unter einen Bodhi-Baum zu setzen, bis er komplette Erleuchtung fand.

Unter dem Bodhi-Baum wurde Buddha mit den Ängsten und Wünschen seines Egos konfrontiert, aber er konzentrierte sich auf seinen Atem und den Frieden in seinem Herzen. Und er erreichte Erleuchtung, indem er sich an nichts band.

Buddha kann dir helfen, dich von der Stimme der Angst und dem Verlangen nach Dingen, die du nicht brauchst, zu lösen. Er kann dir helfen zu akzeptieren, was geschehen ist und was du nicht ändern kannst. So kannst du beginnen, dich zu verändern.

Ruf Buddha an, wenn du:
➢ aufhören willst, immer dieselben alten Wege zu gehen
➢ dein Verlangen nach Situationen, die dir nicht dienlich sind, auflösen willst
➢ dich von den Ängsten lösen willst, die dein Ego dir einredet
➢ den Frieden in dir finden willst.

Hier ist ein Gebet an Buddha:

»Buddha, Erleuchteter und Freund,
ich danke dir, dass du mich führst und unterstützt, da ich
deinen Frieden und deine Ruhe in dieser Zeit in meinem
Herzen willkommen heiße.
Danke, dass du mir hilfst, die Vergangenheit loszulassen. Mein
einziger Zweck ist es, Frieden zu finden, und du
hilfst mir, die Wünsche loszulassen, die mir nicht mehr dienlich
sind.
Ich heiße dein Licht auf meinem Weg willkommen und kann
mich durch dich von den Ängsten meines Egos lösen, im
Paradies meiner Seele ankommen und dieses Paradies mit
allen, denen ich begegne, teilen.
Ich heiße dich, lieber Buddha, in meinem Herzen willkommen,
so dass ich liebevoll und akzeptierend sein kann wie du.
Und so ist es!«

Tara

Tara ist eine buddhistische Göttin, die den Menschen Mitgefühl und Schutz vor Schaden bringt. Sie ist bekannt als die Mutter der Befreiung, und ihr Name bedeutet »Diamant«.

Im tibetanischen Buddhismus ist Tara eine Boddhisattva, was im Grunde ein Engelwesen ist, das zu denen kommt, die es brauchen, und sie bei ihren Herausforderungen auf der Erde unterstützt. Es heißt, eine Boddhisattva habe durch Mitgefühl für andere den Zustand der Erleuchtung erreicht.

Es gibt eine schöne, esoterische Legende über die Geburt von Tara. Man sagt, sie sei aus den Tränen von Avalokiteshvara, dem Herrn des Mitgefühls, geboren, als er auf die Welt herunterschaute und die Menschen leiden sah. Seine Tränen fielen wie Blitze herab, und aus einem von ihnen wuchs ein Lotus, der sich mit Tara darin öffnete. Wir werden von ihrer gesamten Essenz gestützt, sie führt uns durch Leid und Scham zu Mitgefühl und Befreiung.

Ich sehe Tara als ein goldenes Engelwesen. Sie kommt zu allen auf der Erde, denen es schwerfällt, andere und ihre Lebensumstände zu verstehen. In Bezug auf Vergebung führt sie uns zur Freiheit, indem sie uns die Fähigkeit gibt, den Standpunkt einer anderen Person zu verstehen. Sie hilft uns zu sehen, dass Menschen andere nur verletzen, wenn sie Angst haben.

Mit Taras Unterstützung kannst du Mitgefühl für die empfinden, die dich verletzt haben, und du kannst hoffen, dass sie durch deine Vergebung Frieden finden. So kannst du den Schmerz loslassen, den ihre schlechten Entscheidungen verursacht haben.

Tara hat viele Gestalten, und sie haben alle etwas mit Farbe zu tun. Die weiße Tara wird mit Reinigung assoziiert, die grüne Tara schützt uns vor allem Leid, und die goldene Tara erfüllt Wünsche und bringt Erfolg.

Rufe Tara an, damit sie dir hilft:
- ➢ dich sicher zu fühlen, wenn du dich falsch beurteilt oder missverstanden fühlst
- ➢ Mitleid für andere zu empfinden

- ➤ dich von Groll zu befreien
- ➤ der Menschheit durch liebevolle Taten zu helfen
- ➤ deinen inneren Buddha zu aktivieren.

Hier ist ein Gebet an Tara:

> »*Tara, Mutter aller Buddhas,*
> *ich danke dir, dass du zu mir gekommen bist und die Bereiche*
> *in meinem Leben beleuchtest, wo ich mehr Mitgefühl empfin-*
> *den und mehr wie du sein kann.*
> *Ich bin bereit, alle harten Urteile über andere und mich selbst*
> *hinter mir zu lassen – ich bin bereit, der Menschheit durch den*
> *Frieden, den ich in mir schaffe, zu dienen.*
> *Mit deinen engelsgleichen goldenen, weißen und grünen*
> *Strahlen gibst du Unterstützung, und ich nehme sie und auch*
> *deine Führung dankend an.*
> *O Göttin des Mitgefühls, ich danke dir, dass du mich mit deiner*
> *Freundlichkeit erfüllst.*
> *Und so ist es!*«

Krishna

Krishna ist eine der beliebtesten Gottheiten in Indien. Es heißt, er sei die Inkarnation des Gottes Vishnu, der Teil der indischen Dreifaltigkeit ist, und er verkörpert den Frieden für alle Wesen durch Zeit und Raum.

Krishna ist am bekanntesten für seine Rolle im spirituellen Text der *Bhagavad Gita*, wo er Führer und Mentor von Arjuna ist, einem Mann, der kurz vor einem gewaltigen Krieg mit seinen Vettern steht. Krishna hilft Arjuna, seine eigenen moralischen und ethischen Entscheidungen zu treffen, ohne ihm vorzuschreiben, welche Wahl die richtige ist – und aus diesem Grund wird er von allen angerufen, die Klarheit suchen.

Wenn ich an Krishna denke, fühle ich große Liebe, Freundlichkeit und Frieden in meinem Herzen. Er ist ein empfindsamer Meister, der uns jeden auf den Weg der Liebe bringen will.

Geschichten aus seinem Leben beschreiben ihn als wundervollen Gatten der Göttin Radha, die er anbetet, sodass du ihn auch um Hilfe bei Beziehungen und Vergebung im Bereich Liebe bitten kannst.

Krishna wird oft in Gärten mit wilden Tieren dargestellt, deshalb kann er dir auch bei Vergebung im Kontext von Tieren helfen. Wenn du zum Beispiel siehst, dass ein Tier verletzt wird, und du kannst dem Täter nicht vergeben, oder wenn du mit einem Tier daran arbeitest, dass es Ängste aus seiner Vergangenheit überwindet, hilft Krishna dir und unterstützt dich.

In Indien hatte ich eine Begegnung mit Krishna. Ich wohnte auf einem Bio-Hof in Südindien, als einer der Angestellten einen Hund verprügelte, in den ich mich verliebt hatte. Ich kam dem Hund zu Hilfe und schlug den Mann nieder. Vor lauter Wut, Frustration und Angst stellte ich mich auf seine Brust und jagte ihm einen Riesenschrecken ein. Dem Hund war zum Glück nichts passiert, und den Rest der Reise kümmerte ich mich um ihn.

Nach dem Zwischenfall war ich sehr frustriert und lief zum Tempel. Schluchzend sank ich vor den Statuen von Radha und Krishna auf die Knie.

Plötzlich überkam mich Frieden. Ich schloss die Augen und spürte, wie mein Körper in einem Licht des Friedens gebadet wurde. In diesem Moment wusste ich, dass Vergebung die einzige Option war. Krishna half mir zu erkennen, dass ich falsch gehandelt hatte. Ich konnte niemandem Angst einjagen. Ich musste vielmehr demonstrieren, was es bedeutete zu verzeihen.

Am nächsten Morgen ging ich zu dem Mann, und er breitete die Arme aus, um mich zu umarmen. Ganz gleich was zwischen uns passiert war, Krishna hatte offensichtlich auch sein Herz berührt. Ich sagte ihm, dass es mir leid täte, und obwohl er kein Wort Englisch sprach, wusste ich, dass er mich verstand. Er legte die Hände zusammen wie zum Gebet und verneigte sich vor mir. Und was das Beste war: Anscheinend wusste er jetzt, dass er sich dem Hund gegenüber respektvoller verhalten musste, und von da an war er lieb zu ihm. Danke, Krishna!

Krishna wird dir helfen:

➤ die richtige Entscheidung in einer bestimmten Situation zu treffen
➤ vergangenen und gegenwärtigen Beziehungen zu vergeben
➤ den Groll zu überwinden, der dich davon abhält, Liebe anzunehmen
➤ alles zu heilen, was mit Liebesbeziehungen zu tun hat
➤ bei Tieren und Haustieren zu vergeben.

Hier ist ein Gebet an Krishna:

>*Krishna, Herr des Lichts und Lehrer der Freundlichkeit,
ich danke dir, dass du jetzt zu mir gekommen bist, und ich
heiße deine liebende Unterstützung und Führung willkommen,
während ich in allen Bereichen meines Lebens Vergebung
anstrebe. Danke, dass du mich auf Bereiche meines Lebens
aufmerksam machst, in denen ich Entscheidungen treffen muss.
Du leitest mich zu den Entscheidungen, die mir und meiner
Menschlichkeit dienen.
Ich danke dir, dass du mich lehrst, dass liebevolle Beziehungen
auch bewusst sein können.
Ich bin gesegnet, deine Unterstützung zu erfahren.
Und so ist es!*«

Shiva

Shiva bedeutet »der Glückverheißende«, und er gilt als eine der wichtigsten Gottgestalten im Hinduismus. Er ist das mächtige Bild des Göttlichen, und eine der drei Hauptfiguren der Hindu-Dreifaltigkeit (die anderen beiden sind Brahma und Vishnu).

Shiva ist bekannt als Gott der Zerstörung, aber neuerdings wurde er umbenannt in »Der Verwandler«, weil er angerufen werden kann, um eine negative Situation zu verwandeln.

Shiva hat viele Gestalten, jede mit ihrem eigenen Persönlichkeitstyp und Namen. Er ist auch bekannt als Mahadeva, was »Großer Gott« bedeutet, und als »Nataraja«, »der kosmische Tänzer«.

Shivas Hauptzweck ist es, das alte Universum zu zerstören und Brahma den Weg freizumachen für den Prozess der Schöpfung. Was Vergebung angeht, kann er angerufen werden, um den Weg zu bereiten. Er kann dir helfen, einen neuen Anfang zu machen.

Shiva galt als zornige Gottheit wegen seiner heftigen, zerstörerischen Natur, aber in Wahrheit ist er ein Wesen bedingungsloser Liebe. In meinem *Engelgebete Orakel-Deck* habe ich die Karte »Der Göttliche Vater« Shiva zugeordnet. Der Künstler half mir, eine liebevolle, friedliche Figur zu erschaffen, die zugleich Macht ausstrahlt. Auf diesem Bild hat Shiva vier Arme: Zwei halten die Sonne mit dem »Om«-Symbol, was Einssein und Leben darstellt, und die anderen beiden Hände sind zum Gebet gefaltet, um zu zeigen, dass Shiva uns ehrt. Um seinen Hals liegt eine Schlange, was zeigt, dass er sein heftiges Ego gezähmt hat, und eine Trommel soll seine umherschweifenden Gedanken aufwecken.

In Indien war ich in einer Stadt namens Tiruvannamalai, in der es eine heilige Stätte gibt, die Shiva geweiht ist. Der Tempel dort heißt Annamalaiyar und liegt am Fuß eines heiligen Hügels namens Arunachala, auf dem Shiva sich manifestieren soll. Ich bin den Hügel mit einer Gruppe von anderen Pilgern hinaufgestiegen. Um sieben Uhr morgens gingen wir los, und wir brauchten zwei Stunden, aber es kann auch bis zu vier Stunden dauern. Kurz vor dem Gipfel des Hügels lebt eine Gruppe von Shiva-Anhängern, die dich ermutigen, für das letzte Stück Weg zum Gipfel die Schuhe auszuziehen und barfuß zu gehen. Dort kannst du in den Spuren Shivas gehen. Ich fühlte mich gehalten, gestützt und voller Energie nach dem Aufstieg, und ich wusste, dass Shiva dort sehr präsent ist.

Du kannst Shiva bitten, dir zu helfen:
- ➤ den Weg zur Vergebung zu ebnen
- ➤ die Ängste deines Egos zu beseitigen
- ➤ dein Gefühl des Einsseins mit allen Lebewesen wiederzugewinnen
- ➤ deinen Glauben an Gott wiederzugewinnen
- ➤ allen Groll Gott gegenüber wegzunehmen
- ➤ alle Probleme mit der Vaterschaft zu heilen.

Es gibt ein Mantra für Shiva, das ich sehr kraftvoll finde. Ich habe es auf dem *Mind, Body, Spirit-Festival* am 11.11.11 gelernt, und seitdem hat es sich überall auf der Welt verbreitet. Viele der Pilger, die den Arunchala-Hügel in Indien hinaufgestiegen sind, haben es laut gechantet. Traditionelle indische Mantras werden 108mal wiederholt. Das Mantra lautet *Om Nama Shivaya* (man spricht es so aus, wie man es schreibt).

Hier ist ein Gebet an Shiva:

> *»Herr Shiva, kosmischer Tänzer und Verwandler,*
> *ich danke dir, dass du heute zu mir gekommen bist und mir den Weg zur Vergebung bereitest.*
> *Ich danke dir, dass du mir Wege zeigst, um die bösen, gehässigen Kommentare meines Egos wegzunehmen, damit ich meine natürliche Verbindung zum Einssein mit allen fühlenden Wesen wiederherstellen kann.*
> *Danke, dass du mir nahekommst wie eine friedliche Vater-figur und mir hilfst, mich sicher zu fühlen auf dem Weg zu meinem göttlichen Zweck, glücklich zu sein.*
> *Und so ist es!«*

Kali

Kali ist eine Hindu-Göttin, die ein echtes Gefühl von Stärkung und Kraft bringt. Sie gilt als eine der zornigen Inkarnationen von Shivas Frau Parvati, und obwohl man sich besser nicht mit ihr anlegen sollte, ist sie allen, die sie anrufen, eine großartige Verbündete. Ihr Name bedeutet »schwarz« oder »Ende der Zeit«, und sie gilt als Göttin des Todes.

Auf Bildern wird Kali immer als schwarz- oder blauhäutige Göttin mit acht Armen dargestellt. Sie hält Waffen in den Händen und trägt vielleicht sogar eine Kette aus Schädeln. Meistens steht sie auf einem Mann, Shiva, von dem es heißt, er zähme ihre destruktive Wut allein durch seine Präsenz.

Wegen dieses Bildes wird Kali von vielen Spirituellen gefürchtet.

Die Vorstellung, eine zornige Göttin anzurufen, die mit dem Tod verbunden ist, kann schwer zu ertragen sein, und Kali bringt, wie der Tod, ein Gefühl des Unbekannten mit sich.

In meinen Augen jedoch, ist Kali eine Göttin, die du um Hilfe anrufen kannst, um mit der Vorstellung fertigzuwerden, dass nichts auf der Erde von Dauer ist. Sie hilft dir dabei, nicht zu sehr an materiellen Dingen zu hängen, damit du stärker mit den tieferen, spirituellen Aspekten deines Seins verbunden sein kannst. Ich glaube, Kali ist die gleiche Kraft wie die schwarze Madonna. Sie verzehrt alle deine Ängste. Sie blickt tief in deine Seele und fragt dich, ob du bereit bist, zerstörerische Gedanken und Situationen loszulassen, die deinen Weg zu Wahrheit und Vergebung blockieren.

Kali ist eigentlich eine gütige Mutterfigur, aber wie die meisten Mütter hat sie auch so viel Temperament, um dich zu schütteln, wenn es nötig ist. In Bezug auf Vergebung ist sie wundervoll, und du kannst sie anrufen, um die Teile von dir zu entfernen, die selbstzerstörerisch sind, wie zum Beispiel, an einer Beziehung festzuhalten, die dir das Herz bricht, oder eine Sucht zu pflegen, die dir nicht bekommt.

Kali vertreibt deine Ängste. Sie macht deine Seele frei von jedem Aspekt, der nicht deinem Wachstum dient, und sie zähmt dein Ego, indem sie es sich direkt unterwirft. Sie kommt zu dir wie eine liebevolle Mutter und sagt dir, dass dir vergeben wurde, aber sie sagt dir auch, dass du die Vergangenheit loslassen und weitergehen sollst.

Bitte Kali um Hilfe bei:
- der Entfernung selbstzerstörerischer Muster aus deinem Leben
- beim Zähmen wütender Gedanken
- beim Standhalten in negativen Situationen
- bei der Entfernung aller Aspekte von Angst
- bei der Verstärkung deiner kraftvollen weiblichen Seite.

Hier ist ein Gebet an Kali:

»Kali, Mutter-Göttin,
ich rufe dich jetzt und bitte dich, die Dunkelheit von meinem
Leben zu nehmen. Ich danke dir, dass du die destruktiven
Muster in meiner Persönlichkeit entfernst und die wütenden
Gedanken zähmst, die zwischen mir und der Vergebung stehen.
Komm jetzt in mich und gib mir die Kraft, furchtlos weiter-
zugehen.
Es ist ein gutes Gefühl, deine liebevolle, beschützende Essenz
jetzt bei mir zu wissen.
Und so ist es!«

Ganesh

Ganesh ist der indische Elefantengott, der in der ganzen Welt verehrt wird. Er ist bekannt als der Gott, der Hindernisse entfernt, wegen seiner einzigartigen Fähigkeit, Hindernisse auf unserem Weg zu innerem Frieden zu beseitigen.

Ganesh ist der Sohn von Shiva und Parvati. Die Legende erzählt, sein Elefantenkopf rühre von einem schrecklichen häuslichen Unfall her. Eines Tages war Shiva mit seiner mächtigen Armee unterwegs, und Parvati war im Haus beschäftigt. Ihr wurde langweilig, deshalb beschloss sie, einen kleinen Jungen aus Ton zu modellieren. Das Ergebnis gefiel ihr so gut, dass sie ihre Macht benutzte, um ihm Leben einzuhauchen. Sie nannte den kleinen Jungen Ganesh.

Da sie überall voller Ton war, ließ Parvati Ganesh alleine zu Hause und ging, um sich waschen zu lassen. In der Zwischenzeit kam Shiva nach Hause, und da er Ganesh für einen Eindringling hielt, schlug er ihm den Kopf ab.

Parvati war darüber so außer sich, dass Shiva sie nicht trösten konnte, also schickte er seine Wachen aus und befahl ihnen, ihm den Kopf des ersten Lebewesens mitzubringen, das nach Osten schaute. Die Soldaten fanden einen Elefanten und brachten seinen Kopf mit, den Shiva Ganesh aufsetzte, damit er wieder lebendig wurde.

Obwohl die Geschichte eher ein Märchen als ein historischer Tatsachenbericht ist, zeigt er, dass Ganeshs Energie uns wieder ins Leben zurückholen kann, auch wenn wir das Gefühl haben, in einer Situation den Kopf verloren zu haben.

Ich habe mich schon seit Jahren zu Ganesh hingezogen gefühlt. In meiner spirituellen Praxis habe ich ihn immer dicht bei mir gehalten, weil ich ihn angerufen habe, wenn sich ein Hindernis gezeigt hat. Er scheint immer sofort zu kommen und alle Hindernisse aus dem Weg zu räumen.

Wenn ich ins Ausland reise, habe ich immer ein Bild von Ganesh dabei, und beim Yoga-Training liegt eine Postkarte von ihm auf meiner Yogamatte. Für mich hat er immer Frieden verkörpert. Und nicht nur das, unter den wilden Tieren ist der Elefant mein Liebling. Ich liebe es einfach, dass die Elefanten so familien- und gemeinschaftsbezogene Wesen sind, und zu Ganeshs Ehren spende ich jeden Monat für Save the Elephants.

Ganesh kann Hindernisse in allen Bereichen deines Lebens entfernen. Im Kontext von Vergebung wird er dir helfen, alle Gedanken zu überwinden, die dich daran hindern, dir selbst oder einer anderen Person zu vergeben. Er kann dir auch dabei helfen, Blockaden zu beseitigen, die dich davon abhalten, Frieden mit anderen zu schließen.

Du kannst Ganesh um Beistand bitten:
➢ beim Entfernen von Blockaden und Hindernissen in deinem Leben
➢ um deinen Weg einfacher zu machen
➢ um dein Gefühl der Verbundenheit mit deiner Gemeinschaft zu wecken
➢ um dich von zu vielen problematischen Gedanken zu befreien.

Hier ist ein Gebet an Ganesh:

>>*Ganesh,*
ich danke dir, dass du vor mir stehst und alle Hindernisse auf meinem Weg entfernst. Es ist so tröstlich zu wissen, dass deine sanfte, menschliche Seele liebevoll den Weg vor mir räumt.

Mit deiner Unterstützung betrete ich jetzt den Weg der Verge-
bung, der Akzeptanz und des Friedens.
Von diesem starken und gesunden Ort aus erschaffe ich
ein Leben voller Segnungen und Fülle.
Danke, dass du meinen Weg erhellst. Ich folge dir jetzt.
Und so ist es!«

Die Engel der Vergebung

Die Engel der Vergebung sind eine Engelsmacht, die du jederzeit anrufen kannst. Sie kommen zu dir als innere Stimme oder Instinkt. Sie
werden dir liebevoll helfen, schmerzliche Illusionen loszulassen. Sie
leiten dich, sodass du dich als strahlendes Licht siehst und begreifst,
dass das, was hier auf der Erde passiert, nicht die volle Wahrheit ist.
Durch Vergebung helfen diese wundervollen Engel dir, dich daran zu
erinnern, dass du ein heiliges und vollständig geliebtes Kind Gottes
bist.

Du hast einen Schutzengel der Vergebung, der jetzt neben dir
steht. Ob du es gemerkt hast oder nicht, es gibt Bereiche in deinem
Leben, die der Vergebung bedürfen. Der Engel der Vergebung, der
neben dir steht, hat dich dazu gebracht, an diese Bereiche zu denken
und wartet jetzt ab, ob du dich dafür entscheidest zuzuhören.

Dein Engel der Vergebung wartet mitten in deinem Herzen. Er
braucht keinen Namen, und er braucht kein tolles Gebet, er braucht
lediglich deine Präsenz. *Du* musst in der Gegenwart sein. Dort
brauchst du nicht zu beurteilen, wie weit du gekommen bist und wohin du gehst, sondern du sollst nur die Schönheit des Jetzt sehen. Es
geht nicht um Planungen oder Erinnerungen, sondern nur darum,
den schönen Moment zu genießen.

Dein Vergebungsengel lädt dich ein, die Stille zu genießen und zu
atmen. In diesen Momenten hilft sie dir dabei, dir deiner inneren
Göttlichkeit, deiner Ganzheit und des Friedens bewusst zu werden,
der dich erwartet.

Die Engel der Vergebung haben keine Ahnung von Konflikt, weil
er nicht real ist. Sie bitten dich, alle Gedanken loszulassen, die zwischen dir und dem Glück stehen. Diese Gedanken und Gefühle wer-

den von deinem Ego angetrieben, das recht haben und etwas beweisen will. Diejenigen, die dich verletzt haben, sollen leiden. Es ist von Angst getrieben. Dein Engel hingegen ruft dich in dein Herz und hilft dir zu sehen, dass es dort gar keinen Feind gibt – nur Liebe.

Dein Engel zeigt dir eine heilige Vision von Realität: das reale Du, das geheilte Du, das gehaltene und gestützte Du. Du sollst sehen, was die Engel sehen – und sie sehen dich als Ganzes, geheilt und vollständig.

Setz dich still hin, entferne alles, was dich ablenkt, schalte das Telefon ab, tritt zurück von der »realen« Welt und verbringe Zeit in deinem Herzen.

Schließe die Augen und sprich dieses Gebet:

> »Ich betrete jetzt die Höhle meines Herzens, um das
> leuchtende Angesicht meines Schutzengels der Vergebung
> zu sehen.
> Und so ist es!«

Die Engel des Friedens

Es gibt eine Schar von Engeln, die sich um den Frieden auf diesem Planeten bemühen. Sie arbeiten direkt mit der Muttergottes zusammen. Diese Wesen gehören zu den sanftesten und schönsten Engeln, die ich je gesehen habe. Sie sind aus goldenem, weißem und perlmuttschimmerndem Licht gemacht. Sie bewegen sich durch die Luft wie ein Farbtropfen, der ins Wasser fällt. Wo sie sind, bringen sie den Duft von Rosen, süßen Lilien und Lavendel mit.

Diese Engel dienen dem Frieden jedes fühlenden Wesens auf diesem Planeten. Sie reagieren auf den Ruf der Gnade, den jede Seele von sich geben kann. Der Ruf der Gnade ist wie ein SOS, denn wenn die Seele ihn ausschickt, ruft sie damit den Himmel zu Hilfe. Und diese Engel retten Menschen, Tiere und Länder durch ihr dramatisches und wundersames Eingreifen.

Friedensengel bringen Vergebungsdenken zu ganzen Nationen. Sie können ihr Licht den führenden Politikern und Mächtigen dieser Welt schicken – sie warten nur darauf, dass wir sie darum bitten.

Wundervoll bei diesen Engeln ist die Tatsache, dass sie auf jedes Gebet reagieren, selbst wenn es nicht direkt an sie gerichtet ist. Sie hören jedes Flehen um Frieden von jedem fühlenden Wesen auf dem Planeten und antworten jedem Herzen, das Frieden für alle Lebewesen will.

Ich glaube, Friedensengel sind vor allem dann anwesend, wenn die wundersamsten Dinge geschehen, wenn du zum Beispiel siehst, wie ein Hund ein Kätzchen rettet oder ein Wolf mit einem Esel Freundschaft schließt. Sie inspirieren uns, einander zu lieben und Brüder und Schwestern in unseren Nachbarn zu sehen.

Ich habe Friedensengel vor Freude weinen sehen, vor allem, wenn ihre Mission erfüllt ist. Erst dieses Jahr habe ich eine Dame kennengelernt, die mir erzählt hat, wie ein Engel sie bei einem schrecklichen Autounfall gerettet hat. Als sie mir die Geschichte erzählte, begann ich zu weinen. Tränen der Freude liefen mir über die Wangen, da ich hinter ihr einen Engel sah, der ebenfalls weinte, weil sie am Leben geblieben war und andere inspirieren konnte.

Ruf die Engel des Friedens mit folgendem Gebet an, sodass die Menschheit ihre Segnungen empfangen kann:

»Liebe Engel des Friedens,
ich danke euch, dass ihr eure Freundlichkeit, Akzeptanz und
Liebe auf alle Herzen erstreckt, die offen für Frieden sind.
Danke, dass ihr heilendes und friedliches Licht auf die Kinder
und Tiere dieses Planeten leitet, die keine eigene Stimme haben.
Danke, dass ihr ihren Weg erleuchtet.
Zeigt mir, wie ich Heilung, Veränderung und Vergebung zu
diesem Planeten und all seinen Bewohnern bringen kann.
Und so ist es!«

Die Myriam

Mittlerweile hast du hoffentlich über die Myriam nachgedacht, sie angerufen oder bist ihnen sogar begegnet. Du weißt, dass sie die Schutzengel von Maria Magdalena waren und beschlossen haben, weiterhin mit ihr vom Himmel aus zu arbeiten, um radikale Veränderungen auf der Erde zu bewirken und der Menschheit Heilung zu bringen.

Die Myriam vermitteln mir ein überwältigendes Gefühl der Liebe. Sie besitzen wahre Essenz der Reinheit. Sie sind die schönsten Wesen, die ich jemals gesehen habe. Sie sind wie Zwillingsflammen, die in ihren perlmuttschimmernden Gewändern durch die Luft tanzen und schweben.

Ich werde nie vergessen, wie ich sie einmal sah, als ich mit einer Gruppe arbeitete. Ich stellte vor etwa vierzig Leuten Maria Magdalena und ihr Evangelium vor. Ich erzählte den Leuten von meinen Begegnungen mit den Myriam und sagte, ich habe das Gefühl, sie nähmen Trauer und alle dazugehörigen Gefühle weg.

Ich leitete die Gruppe in eine tiefe, emotionale und lichterfüllte Meditation, in der sie sich der Hilfe der Myriam öffnen konnten. Ich hatte die Augen geschlossen, aber ich hörte Weinen und Schluchzer der Erleichterung, als diese anmutigen Engel die Herzen der Anwesenden betraten. Als ich die Augen öffnete, um mich zu vergewissern, dass es allen gut ging, sah ich, wie sich Leute die Tränen aus den Augen wischten, während rein weißes Licht um sie herum wirbelte. Ich wusste, dass Heilung stattfand.

Nach der Meditation hatten wir eine Gruppendiskussion, und viele Leute sagten, ihnen sei erst während der Anrufung der Myriam klar geworden, wo sie ihre Trauer vergraben hatten. Eine Frau gab zu, dass es ihr schwerfiel, ihren nackten Körper im Spiegel zu betrachten – sie wurde dann immer von Trauer und Frustration überwältigt. Eine andere Frau erzählte von dem Schmerz, einen nahen Angehörigen verloren zu haben. Sie gestand, dass sie sich bis auf den heutigen Tag dafür verantwortlich gefühlt hatte, obwohl sie gar nichts dafür konnte. Die Myriam halfen diesen Menschen, ihre Trauer loszulassen – deshalb hatte es so viele Tränen gegeben.

Die Myriam helfen auch dir. Sie kommen mit einem göttlichen weißen Licht und waschen damit die drei Aspekte deines Seins: Dein physischer Körper wird in ihr Licht eingehüllt sein, der Altar deines Geistes wird von ihrem Licht geklärt, und die Ganzheit deiner Seele wird im Licht gesehen.

Diese Engel wecken auch in dir die Vision von Christus – sie helfen dir, jeden als gleich, jeden als Seele zu sehen. Sie helfen dir, daran zu denken, dass du nicht von deinen Lieben getrennt bist, und dass alle, die vor dir gegangen sind, mitten in deinem Herzen auf dich warten. Die Myriam bringen wundersame Heilung in spirtueller Hinsicht, und sie warten darauf, dass du sie rufst.

Du kannst sie auf viele Arten anrufen. Du kannst die *vesica piscis* (s. Seite 151) zeichnen oder auch das folgende Gebet sprechen:

»Geliebte Myriam,
ich heiße euch willkommen, vor meinem Geist zu stehen und
mir die Bereiche meines Lebens zu zeigen, die eines Wunders
bedürfen. Danke, dass ihr mir helft, die Trauer in meinem
Leben zu sehen, damit ich sie loslassen kann.
Ich bin bereit, in allem das Licht Christi zu sehen. Ich bin bereit
zu vergeben und die gesamte Menschheit zu akzeptieren. Jetzt
ist die Zeit. Möge meine Vision von Heiligkeit jetzt erwachen!
Ich bin gesegnet, euch zu meiner Linken und Rechten zu haben
und von innen von euch geleitet zu werden.
Und so ist es!«

12
DAS WUNDER ANNEHMEN

> *»Deine Aufgabe ist es nicht, nach Liebe zu suchen,*
> *sondern einfach, alle Schranken in dir selbst zu suchen und*
> *zu finden, die du gegen sie erbaut hast.«*
>
> EIN KURS IN WUNDERN

Und, wohin jetzt? Es ist unvermeidlich, dass das Leben dir Steine in den Weg legt, wenn es um Vergebung geht. Aber es besteht die große Wahrscheinlichkeit, dass du zu diesem Buch gegriffen hast, weil du weißt, dass Vergebung dich zum Frieden führt, und das ist der erste Schritt. Ich glaube, die Absicht ist das Einzige, was zählt – sie ist wahrscheinlich wichtiger als der Prozess. Wenn wir vorhaben, etwas zu tun, erreichen wir es schließlich auch, ganz gleich, wie lange es dauert. Während ich dieses Buch schrieb, habe ich viele Bereiche meines Lebens aufgedeckt, die Vergebung nötig hatten, und mir ist viel klarer geworden, wie ich mich in die Vergebung bewegen muss. Ich glaube wirklich, dass es mich in diesem wundervollen Prozess der Vergebung weiter gebracht hat.

Herzen berühren

Beim Schreiben dieses Buches konnte ich letzte Momente mit einer meiner Klientinnen verbringen, die eine Freundin wurde. Sie war eine junge Frau namens Michelle, eine Teilnehmerin meines Angel Clubs, die immer ein strahlendes Licht war. Ich wusste von ihren Freunden, dass Michelle Krebs hatte. Zuerst hatte sie ihn zwar überwunden, aber er war zurückgekommen, und dieses Mal schaffte ihr Körper es nicht mehr, dagegen anzukommen.

Ein paar Wochen, bevor sie starb, veranstaltete ich für einige Freunde in meinem Büro einen Muttergottestag, an dem wir Absichten und heilende Gedanken für die Welt äußerten. Michelle nahm all ihre Energie und ihren Mut zusammen, um ebenfalls teilzunehmen. Keiner von uns wusste, dass dies das letzte Mal sein würde. Obwohl ihr Leben zu Ende ging, glaubte sie so fest an Engel und an das Leben, dass sie allen, die ihr begegneten, ein Lächeln ins Gesicht zauberte.

Ich war auf ihrer Beerdigung in East Kilbride in der Nähe von Glasgow. Ihr Tod war ein solcher Verlust für die Welt. Sie war noch nicht einmal 40. Ich fragte mich, warum so etwas passierte, doch zugleich dachte ich auch, dass Michelle zwar früh gegangen war, aber trotzdem das getan hatte, was sie tun musste: lieben.

Sie verbreitete überall, wo sie war, Liebe. Obwohl ich sie erst seit einem Jahr kannte, wusste ich, dass sie viele Menschen inspiriert hatte. Es brach uns das Herz, als sie ging, aber sie erinnerte uns auch daran, dass ein Leben voller Traurigkeit und Groll nichts wert ist. Sie hat mir klargemacht, dass Liebe der einzige Weg ist.

Vielleicht hast auch du schon jemanden verloren, der dir nahestand. Lass dich von den Toten liebevoll daran erinnern, dass es sich lohnt, das Leben zu leben und zu *vergeben* – Vergebung hilft dir, die Liebe zu leben.

Führung von einem Freund

Nach Michelles Beerdigung ging ich mit meiner Freundin Georgina zum Mittagessen. Sie hatte mich auf die Beerdigung begleitet. Georgina ist ebenfalls eine Teilnehmerin des Angel Clubs, und sie hatte auch am Muttergottestag teilgenommen. Wir haben so viel gemeinsam – auch sie praktiziert Ashtanga Yoga und lebt nach *Ein Kurs in Wundern*.

Beim Essen sprachen wir über viele verschiedene Themen, auch über Vergebung und darüber, wie wichtig es ist, sie in unserem Leben zu akzeptieren. An jenem Tag erzählte Georgina mir auch von einer Verwandten, die von ihrem Ex-Partner belästigt wurde. Er ließ sie einfach nicht in Ruhe. Automatisch schüttelte ich den Kopf und gab ein Urteil über den Mann ab.

»Das klingt wie …«, begann ich.

Aber bevor ich den Satz beenden konnte, sagte Georgina: »Freude!« Sie strahlte mich an.

Wie kraftvoll und bejahend! Ich fragte Georgina, ob ich ihre Anleitung mit dir teilen könne, und sie war einverstanden. Hier ist sie also:

Wenn du dich das nächste Mal dabei ertappst, ein Vorurteil über jemanden auszusprechen oder ihm unversöhnlich gegenüberzustehen, bezeichne ihn einfach als »Freude« statt als etwas Schlimmeres. Wenn du in die Vergebung gehst, erinnerst du dich daran, dass jeder rein und unschuldig ist. Wir alle sind aus Liebe geschaffen (und selbst, wenn der andere das vergessen hat, ist es deine Aufgabe, dich daran zu erinnern).

Dem gibt es nichts mehr hinzuzufügen.

Das Wunder neu betrachten

Ich hoffe, mittlerweile ist dir klar geworden, dass Vergebung nicht nur etwas ist, das du sagst oder tust.

Es ist vielmehr ein Zustand, in den du eintrittst:

Vergebung ist ein Zustand, in dem du dich an deine Unschuld erinnerst.

Vergebung ist ein Zustand, in dem du erkennst, dass du unzerstörbar bist.

Vergebung ist ein Zustand, in dem du dich daran erinnerst, dass du reines Licht bist.

Sie ist ein Erinnerungsprozess:

Vergebung ist die Erinnerung daran, dass Sünde nicht real ist.

Vergebung ist die Erinnerung daran, dass nur Liebe real ist.

Vergebung ist die Erinnerung daran, dass du nicht vom Göttlichen getrennt bist.

Sie ist ein Aspekt des Göttlichen:

Wenn du vergibst, sind Engel um dich herum.

Wenn du vergibst, hebst du dein Herz zu Gott.

Wenn du vergibst, kehrst du zu deinem natürlichen Zustand der Ganzheit zurück.

Hier ist eine letzte Botschaft, zu dir gesandt von der Liebe:

»Vielleicht erkennst du mich nicht und vielleicht weißt du nicht, wer ich bin. Lass mich dir helfen, dich zu erinnern.

Ich war bei dir von Anfang an. Bevor du in Raum und Zeit eingetreten bist, wusste ich, wer du warst. Ich habe dich beobachtet, seit der Samen tief in den Leib deiner Mutter gepflanzt wurde. Ich habe dich aus einem einzelnen DNA-Strang wachsen sehen. Ich war bei dir, als du dich entwickelt und darauf vorbereitet hast, zur Welt zu kommen. Ich war bei deiner Geburt dabei. Ich habe deine ersten Schritte miterlebt, und ich werde bei dir sein, wenn du deinen letzten Atemzug tust.

Wenn ich dich anschaue, sehe ich durch deine Haut hindurch. Ich sehe nicht nur deine Organe, und ich kenne deine Fehler nicht. Wenn ich dich anschaue, sehe ich ein Wesen voller Licht. Ich sehe dein grenzenloses Potenzial. Ich schaue dich an und frage mich, warum du so aufgebracht, gestresst, frustriert und böse wirst. Ich schaue dich an und hoffe, dass du eines Tages das sehen wirst, was ich sehe. Ich sehe einen Körper, aber in ihm sehe ich eine Seele. Ich sehe dich als Kind, aber ich kenne dich als Freund.

Ich bin hier, um dir froh zu dienen, und ich warte darauf, dass du mich rufst. Ich habe dich durch deine Herausforderungen begleitet. Ich habe dich aufsteigen und fallen sehen. Ich habe dich nie vergessen, und ich hoffe, du wirst dich an mich erinnern, weil ich auch jetzt direkt neben dir stehe. Wir waren einmal zusammen und haben zwischen den Sternen getanzt. Jetzt bin ich hier, um dir etwas zu sagen, das du wirklich wissen musst.

Du bist frei und unschuldig. Du bist so perfekt, wie du nur sein kannst. Du hast das Leben, den Schöpfer oder mich nicht enttäuscht. Dir ist bereits vergeben – du brauchst nicht darum zu bitten. Du musst es nur annehmen, aber das ist keine leichte Aufgabe. Bist du bereit, Vergebung zu akzeptieren? Denn ich sage dir die Wahrheit, und ich bin dein Schutzengel.
Dir ist vergeben. Es ist Zeit, es anzunehmen. Du bist Liebe. Liebe ist grenzenlos. Du bist frei, ganz, vollständig und geheilt. Du bist Liebe. Ich liebe dich.«

Danksagungen

Ich hatte viel Unterstützung, als ich dieses Buch geschrieben habe – es war wahrscheinlich das aufschlussreichste und herausforderndste Projekt meines Lebens.

Ich saß gerade beim Friseur und erklärte Michelle Pilley am Telefon meine Idee für das Buch. Sie gab mir sofort grünes Licht. Ich bin so dankbar dafür, eine Verlegerin wie dich zu haben, Michelle – du bist ein Channel der Liebe.

Ich danke auch Robert Holden, der in meinen Augen der beste Mentor, Coach, Freund und Weinkenner ist, den ich kenne. Robert hat mir geholfen, *Ein Kurs in Wundern* und auch mich besser zu verstehen – er hat sogar bei der Titelfindung für dieses Buch geholfen. Danke, dass du mich deiner Familie vorgestellt hast; sie wurden zu Menschen, die ich liebe. Ich liebe dich, Bobby!

Gabrielle – was kann ich sagen? Ich bin so gesegnet, dich zu kennen. Danke für dein wundervolles Vorwort. Immer, wenn ich dich sehe, berührst du mein Herz und meine Seele, und ich bin dankbar dafür, mit dir auf dieser Reise zu sein. Du bist ein Engel auf Erden.

Ich möchte auch Lizzie, meiner Lektorin, danken – du bist eine Zauberin. Danke, dass du mein Werk zehnmal besser als vorher gemacht hast.

Ich danke Julie Oughton bei Hay House für ihre Geduld und Führung, und Leanne dafür, dass sie Wunder mit Cover und Innendesign vollbracht hat.

Dank und liebevolle Umarmungen für Ruth und Jo von Hay House. Ihr habt dafür gesorgt, dass die Presse über mich berichtet hat und habt wirklich an dieses Buch geglaubt. Ständig seid ihr für mich unterwegs, und ich bin dankbar für eure wundervolle Unterstützung.

Ich danke Sara Twigger, die mit mir nach Glastonbury gekommen ist und mir geholfen hat, die Wunder zu verstehen, die die Vergebung bietet. Danke an Meggan Watterson, die mir die Göttin nahegebracht hat. Kate und Mike Watts – der Aufenthalt bei euch in Maine war die beste Zeit meines Lebens. Ihr beiden seid meine Vorbilder im Leben und der Liebe.

Jason – danke für das geile Bild auf dem Umschlag. Es ist toll.

Dad – danke für deine Unterstützung. Ich liebe es, wie du dich immer mehr mit diesen Dingen beschäftigst.

Und Mum – du bist mein Fels, mein größter Fan und meine größte Unterstützung. Ich bin so froh, dass die Engel mich auf diesem Weg zu dir gebracht haben. Du bist das beste Medium, das ich kenne, und die Person, die versucht, sich in dem Thema besser auszukennen als ich, damit du mir helfen kannst zu wachsen. Ich liebe dich so sehr.